BIBLIOTHÈQUE DES ÉCOLES CHRÉTIENNES

2e SÉRIE

VARIÉTÉS INDUSTRIELLES

PAR

M. ARTHUR MANGIN

TOURS

Ad. MAME ET Cie

ÉDITEURS

BIBLIOTHÈQUE

DES

ÉCOLES CHRÉTIENNES

APPROUVÉE

PAR S. ÉM. LE CARDINAL ARCHEVÊQUE DE TOURS

—

2ᵉ SÉRIE

Fabrication du Verre.

VARIÉTÉS

INDUSTRIELLES

PAR

M. ARTHUR MANGIN

TOURS

A^d MAME ET Cie, IMPRIMEURS-LIBRAIRES

1855

LE GAZ A ÉCLAIRER

I

Premières observations sur les gaz inflammables. — Expériences faites en Angleterre. — Philippe Lebon. — Le thermolampe. — Débuts de l'éclairage au gaz en Angleterre. — Murdoch. — Winsor. — Importation de cette industrie en France. — Ses progrès. — Son état actuel.

Avant que la chimie parvînt à déterminer la composition et les propriétés des gaz combustibles, leur existence s'était dès longtemps révélée par des phénomènes naturels. Nous citerons entre autres ceux qu'on observe à Barigazzo et à Pietra-Mala, en Italie, sur la Fontaine-Ardente du Dauphiné, aux environs des cimetières et des marécages, en un mot, partout où se trouvent enfouies à une mé-

diocre profondeur des débris d'animaux et de
végétaux.

On sait aujourd'hui que ces phénomènes,
connus sous le nom de *feux follets*, sont dus à
la présence d'un gaz (l'hydrogène phosphoré)
qui se dégage des matières organiques putré-
fiées, et s'enflamme spontanément au contact
de l'air. On sait aussi que le *grisou*, ce fléau
des houillères, n'est autre chose qu'un carbure
d'hydrogène, qui, avant la belle invention de
Davy, s'enflammait à la lampe des mineurs et
causait souvent d'effroyables catastrophes. Ce
dernier gaz fut étudié pour la première fois en
1664, par James Clayton, physicien anglais.
Clayton avait remarqué qu'en approchant un
flambeau des fissures d'une mine, on en faisait
jaillir des jets de flamme. Il conjectura que si
une certaine quantité de vapeur combustible
était naturellement produite par des masses de
charbon de terre, on pourrait, en chauffant
quelque partie de cette dernière substance,
en extraire une proportion de gaz bien plus
considérable. Il soumit, en conséquence, des
fragments de houille à la distillation; il obtint
comme produits du goudron, de l'huile, de la

vapeur d'eau, et enfin un gaz qui, enflammé à l'extrémité d'un tube, brûla avec une vive clarté. Il donna à ce gaz le nom d'*esprit de houille*. Des expériences analogues furent répétées plus tard par Haler, puis par le docteur Waston. Le premier reconnut que le charbon de terre calciné fournit environ les deux tiers de son poids de matières inflammables. Le second obtint un résultat à peu près semblable, non-seulement avec le charbon, mais encore avec le bois. Cependant on était bien loin alors de songer à utiliser le produit volatil de cette distillation. C'est ainsi que, dans l'usine établie en 1786 par lord Dundonald pour la fabrication du goudron, le gaz était éconduit comme un hôte inutile et dangereux, et allait se perdre dans l'atmosphère extérieure. Une fois pourtant, des ouvriers s'avisèrent de l'allumer au sommet d'une cheminée ; la flamme répandit sur les environs une lumière intense ; on crut d'abord à un incendie, et l'on accourut de toutes parts : puis, les terreurs calmées, on s'amusa de l'expérience, qui fut ensuite renouvelée plusieurs fois, à la grande satisfaction des voisins. Peu de temps après, un Allemand nommé Diller la reproduisit en petit, et la montra au public de Londres, comme un tour de physique amusante, sous le nom de *philosophical light* (lumière philosophique).

On s'étonnera sans doute que ces premiers essais, si concluants quant aux propriétés éclairantes du gaz hydrogène carboné, n'aient pas tout d'abord inspiré au génie mercantile des Anglais l'idée d'une application industrielle. C'est pourtant à un Français que revient l'honneur d'avoir le premier indiqué les conséquences pratiques de la découverte laissée par nos voisins à l'état de théorie scientifique.

Le 6 vendémiaire an VIII (28 sept. 1799), Philippe Lebon, ingénieur des ponts et chaussées, adressa à l'Académie des sciences un mémoire qui fut publié peu de temps après, et qui avait pour titre : « THERMOLAMPES, *ou poëles qui chauffent, éclairent avec économie, et offrent, avec plusieurs produits précieux, une force motrice applicable à toutes sortes de machines.* »

L'invention, il faut l'avouer, était loin de tenir toutes les promesses du programme dans lequel Lebon décrivait avec détails son appareil.

Nous nous abstiendrons de le suivre dans cette description, qui n'offrirait plus aujourd'hui qu'un médiocre intérêt. Philippe Lebon n'employait que du bois, bien que, dit-il dans son mémoire, ce combustible pût être remplacé par de la houille ou par des matières grasses. Pour se débarrasser des produits inutiles et ne répandre dans l'appartement que la lumière et la chaleur, il fallait brûler le gaz au milieu d'un globe de cristal dans lequel un premier tuyau amenait le gaz inflammable, et un second l'air atmosphérique. Les gaz résultant de la combustion étaient conduits au dehors par un troisième tuyau. L'emploi du *thermolampe* dans les habitations devenait donc plus gênant que commode, en raison de la complication de cet appareil et des travaux nécessaires pour l'installer convenablement. A la vérité, Lebon ne négligea rien pour le perfectionner et le simplifier. Il chercha à utiliser tous les produits de la distillation du bois, et fit, dans les jardins de l'hôtel Seignelay, qu'il habitait à Paris, des expériences sur le gaz de la houille. Il parvint même à établir au Havre plusieurs thermolampes, et l'on songea un instant à appliquer son système à l'éclairage du phare de cette ville; mais ce projet n'eut pas de suite, et les *poëles chauffant et éclairant* furent bientôt abandonnés.

Lebon lui-même finit par renoncer à l'espoir qu'il avait conçu de remédier d'une manière satisfaisante aux graves inconvénients que présentait son thermolampe considéré comme appareil à éclairage. En effet, on ignorait alors les moyens de séparer les uns des autres les divers produits de la distillation du bois et de la houille; en sorte que le gaz ainsi obtenu éclairait mal, et que les substances auxquelles il était mélangé répandaient une odeur infecte. Lebon tourna alors ses vues d'un autre côté. Il établit à Versailles une usine où il préparait simultanément, par la distillation du bois en vases clos, du goudron et de l'acide pyroligneux (vinaigre de bois). Le résidu de charbon était livré au commerce comme combustible. Ce procédé, fondé sur les mêmes principes que le précédent, eut infiniment plus de succès : il est encore employé aujourd'hui pour la fabrication du charbon de bois, et on l'a généralement adopté de préférence à l'ancien procédé, qui consistait à brûler les branches d'arbre en plein air.

Philippe Lebon était doué, on le voit, d'une intelligence profonde, d'une vive sagacité et d'une infatigable activité; il réunissait, en un mot, toutes les qualités qui font les hommes utiles. La France fit donc une perte sensible lorsqu'il périt, en 1802, victime d'un assassinat dont la cause et l'auteur sont restés inconnus. Il n'était âgé que de trente-sept ans.

Malgré le peu de succès qu'elles avaient obtenu en France, les tentatives de Lebon ne laissèrent pas de produire en Angleterre une certaine sensation. Un ingénieur nommé Murdoch, qui avait exécuté quelques expériences du même genre, établit en 1798 à Soho, près de Birmingham, dans la fabrique de James Watt, un appareil analogue à celui de Lebon, et qui ne fut d'abord appliqué qu'au bâtiment principal; mais en 1802, lorsque la paix d'Amiens fut conclue entre l'Angleterre et la France, toute la façade de l'établissement fut illuminée au gaz, et en 1805 James Watt adopta définitivement pour sa fabrique ce nouveau mode d'éclairage. Son exemple ne tarda pas à être suivi par

MM. Philips et Lee, propriétaires d'une vaste filature à Manchester.

D'autre part, un Allemand nommé Winsor avait traduit et publié le mémoire de Lebon sur le thermolampe; il avait dédié ce travail au duc de Brunswick, et avait fait à la cour de ce prince des expériences d'éclairage par le gaz extrait des bois de chêne et de sapin; puis, après avoir colporté ses appareils et ses brochures dans les villes de Brême, de Hambourg, d'Altona, il s'était rendu à Londres. Là il se mit en rapport avec Murdoch, et, d'après les conseils de celui-ci, il substitua la houille au bois dans ses nouveaux essais. Peu à peu il conçut sur l'avenir de cette découverte de si belles espérances, qu'il prit un brevet et s'occupa de fonder une société industrielle pour l'exploiter. Il ne se dissimulait pas les difficultés énormes qu'il aurait à vaincre, les obstacles que lui susciteraient les industries rivales, la résistance que lui opposeraient les préjugés et la timidité du public : rien ne l'arrêta. Winsor était un de ces hommes entreprenants, audacieux, que l'obstacle irrite au lieu de les effrayer; il était d'ailleurs décidé à réussir, partant peu scrupu-

leux sur le choix des moyens, et ne se faisant
point faute d'éblouir, de tromper même le public par un charlatanisme effronté.

Il publia un prospectus où il promettait un
revenu annuel de 1,200 francs à quiconque
prendrait une action de 100 francs dans son
entreprise ; encore ce revenu n'était-il, selon
lui, qu'un léger à-compte sur le gain à venir, et
ne devait-il pas tarder à être décuplé. Quant aux
objections élevées contre les inconvénients du
gaz à éclairer, Winsor les résolvait toutes avec
une assurance prodigieuse. Il ne craignait pas
d'affirmer, par exemple, que ce gaz, loin d'a-
voir, comme le prétendaient les malveillants,
une odeur infecte et une action délétère, était
doué au contraire d'une odeur suave ; que ses
vertus hygiéniques et curatives avaient été con-
statées, proclamées par les meilleurs médecins,
et qu'un jour, loin de redouter les fuites qui
pourraient se produire dans les tuyaux de conduite, on y pratiquerait tout exprès de petites
ouvertures, afin de pouvoir respirer à l'aise ce
parfum délicieux et salutaire. Il parvint enfin à
réaliser un capital de 1,250,000 francs. Cette
somme, loin de rapporter aucun bénéfice aux

1*

souscripteurs, fut entièrement absorbée par les expériences qui, soit dit en passant, étaient fort loin de répondre aux promesses pompeuses de notre industriel. Un autre que Winsor eût perdu contenance. Lui convoqua ses actionnaires, dont il obtint un nouveau capital de 480,000 francs. Il écrivit au roi, au parlement, il força ses adversaires à déposer en sa faveur. Renvoyé par le roi à la chambre des communes et repoussé par celle-ci, il s'adressa à la chambre des lords, qui, après une enquête, accorda le bill d'autorisation qui lui était demandé par la compagnie Winsor. Cette compagnie obtint alors du roi Georges le privilége exclusif de l'éclairage au *gaz-light*, et son capital fut fixé à 5 millions.

On put dès ce moment perfectionner considérablement les moyens d'épuration et de distribution du gaz ; mais les travaux à exécuter pour établir un tel système d'éclairage dans une ville comme Londres occasionnèrent des dépenses qui eussent peut-être ruiné la compagnie, si Winsor, redoublant d'audace et d'intrigue, n'eût en quelque sorte arraché au parlement et au roi un nouveau bill définitif, en date du 1er juillet 1816, par lequel la société était autorisée à prendre le titre de *Compagnie royale* et à doubler son capital. Ce capital fut porté plus tard à 22 millions. Trois grandes usines furent établies dans le quartier de West-minster, et plusieurs dans les faubourgs de Londres et dans d'autres villes de l'Angleterre. Peu à peu d'autres compagnies se formèrent ; toutes rendirent des services au public, et réa-lisèrent d'importants bénéfices. Dès 1823, le *gaz-light* était généralement adopté dans l'em-pire britannique, et les tuyaux à gaz circulaient partout sous le pavé des rues. La Compagnie royale en avait posé, pour sa part, 200,000 mètres.

En 1815, Winsor, déjà sûr du succès en Angleterre, vint chercher en France un nou-veau champ d'exploitation. Il obtint sans peine du roi Louis XVIII un brevet d'importation ; mais le public parisien montra pour ses antiques réverbères un attachement des plus tenaces. Savants, industriels, journalistes, gens de lettres se liguèrent contre le novateur : ce fut à qui maudirait Winsor et son *importation*. Cette réprobation générale tenait sans doute au peu de sympathie qu'inspiraient alors en France les Anglais et tout ce qui venait d'eux. Ingrats et oublieux qu'ils sont, nos concitoyens ne reconnurent plus, dans la vaste industrie de Winsor, l'embryon sorti naguère du cerveau de Philippe Lebon; personne n'en voulut entendre parler, et le *Traité de l'éclairage au gaz* de M. Accum, qui parut en français, *augmenté par F. A. Winsor, auteur du système d'éclairage par le gaz en Angleterre,* etc., ce traité ne fut pas même lu. Il n'est, dit le proverbe, de pire sourd que qui ne veut entendre. Winsor le comprit, et changea ses batteries. On n'avait voulu ni l'écouter ni le lire; il pensa que les yeux des Français seraient peut-être moins aveugles que leur esprit. Il loua une boutique dans le passage des Panoramas, et l'éclaira au *gaz-light.* Le public, malgré l'obstination de son incrédulité, ne put résister à l'évidence d'un fait, et la cause du nouveau procédé fut gagnée devant lui. Une offre d'association fut faite à Winsor, sous la condition toutefois qu'il exécuterait préalablement une expérience plus décisive et plus complète, en éclairant à sa façon tout le passage des Panoramas. Winsor s'y engagea sans peine ; et en effet, au mois de janvier 1817, le passage était entièrement et splendidement éclairé par son système. Aussitôt le Palais-Royal voulut être éclairé de même, et le public passa tout à coup de sa malveillance première à un enthousiasme extrême. Un capital de 1,200,000 francs se trouva réalisé en quelques jours. Winsor avait vaincu ; mais, comme Annibal, s'il savait vaincre, il ne savait pas profiter de la victoire. Au bout de deux ans, la compagnie, obérée, se mit en liquidation, après avoir établi seulement l'éclairage du théâtre de l'Odéon et celui du palais du Luxembourg. Son matériel fut acheté au prix de 167,000 francs par M. Pawels, qui forma une nouvelle société. Celle-ci ne fut pas d'abord plus heureuse que la précédente ; mais elle parvint ensuite à se relever, et, autant que nous sachions, elle est encore aujourd'hui florissante sous le nom de *Compagnie française*.

Lorsque la compagnie Winsor s'était dissoute, Louis XVIII, voulant se constituer le protecteur et le propagateur de l'éclairage au gaz, qu'il considérait avec raison comme une précieuse découverte, avait, à ses frais, fait continuer les travaux laissés inachevés par cette société. Aussitôt les personnages les plus distingués et les plus riches s'empressèrent, *regis ad exemplar*, de se cotiser pour soutenir une industrie honorée de la faveur du prince, et ils formèrent une compagnie qui prit le nom de *Compagnie royale*. Celle-ci acheta au rabais l'usine construite par les soins du roi, et s'installa à la barrière des Martyrs. Elle vécut peu, et ses débris se fondirent avec une autre entreprise, la compagnie Manby-Wilson. Depuis 1830, l'éclairage au gaz a fait chez nous de rapides progrès. Il n'est guère en France de ville un peu importante qui ne possède au moins un gazomètre. A Paris, les compagnies qui se partagent le service des divers quartiers sont actuellement au nombre de huit. Leur organisation et les travaux qu'elles ont exécutés jusqu'ici n'ont pas coûté en total moins de 30 millions.

II

Substances d'où l'on peut extraire le gaz à éclairer. — Extraction du gaz de l'huile, — de la houille. — Gaz portatif, — gaz liquide ou gazogène. — Gaz extrait de l'eau.

SUBSTANCES D'OU L'ON PEUT EXTRAIRE LE GAZ A ÉCLAIRER. — La plupart des corps dont la combustion est accompagnée d'un dégagement de lumière doivent cette propriété au gaz *hydrogène bicarboné* qui entre dans leur composition. Quelques-uns en sont presque entièrement formés : ceux-là donnent une belle clarté, et l'on trouve tout avantage à les consommer tels qu'ils nous sont présentés par la nature, c'est-à-dire à l'état solide ou liquide, après les avoir débarrassés de leurs impuretés. De ce nombre sont les huiles végétales, la cire, le suif, etc. Dans d'autres, telles que l'huile de poisson, les graisses rances, les résines, l'hydrogène carboné se trouve uni à des matières qui altèrent l'éclat de sa flamme, et donnent naissance, en brûlant, à des produits infects. Enfin il est des substances végétales et minérales, le bois, la tourbe, la houille ou charbon de terre, qui, quoique contenant une forte proportion de ce gaz, ne pourraient en aucune façon être directement appliquées à l'éclairage. C'est donc de ces deux derniers ordres de composés qu'on a songé à extraire l'hydrogène bicarboné, afin de lui rendre, en l'isolant, les propriétés auxquelles il doit toute sa valeur.

Mais encore n'est-il pas indifférent de le puiser à telle ou telle des sources que nous venons d'indiquer. Ainsi le bois, auquel on eut recours dans le principe, ne tarda pas à être abandonné, tant en raison de son prix de revient trop élevé, qu'à cause de la nature complexe des produits de sa distillation. Les huiles, les graisses, les résines fournissent un gaz très-pur et qui, sous le même volume, donne une quantité bien plus grande de lumière que ne fait, par exemple, le gaz de houille, puisqu'un même bec brûlant en une heure 140 litres du second, n'en brûle que 54 du premier. Le gaz d'huile a surtout réussi de l'autre côté du détroit, grâce à l'habile initiative de M. Taylor, qui a su construire ses appareils avec toute la perfection possible, et grâce aussi au peu de faveur dont les lampes jouissent en Angleterre, où elles sont, il faut le dire, assez mal fabriquées. En France, quelques industriels ont établi et dirigent avec succès des usines à gaz d'huile. M. d'Arcet, entre autres, a trouvé le moyen de tirer parti des eaux de savon rejetées par les fabriques de draps : il en a séparé la graisse en saturant leur base alcaline par l'acide sulfurique ou chlorhydrique, et l'a soumise à la distillation par les procédés ordinaires. Toutefois on préfère généralement épurer les matières grasses pour les consacrer aux divers usages de l'économie domestique et industrielle, et demander à la houille le gaz qu'elle renferme en quantité notable. La houille offre en effet des avantages immenses, évidents : elle est abondamment répandue autour de nous, s'acquiert à bon marché, et s'exploite aisément; le gaz qu'elle fournit est d'aussi bonne qualité qu'on le puisse désirer; enfin la plus grande partie des produits secondaires et le résidu de sa distillation trouvent dans le commerce et dans les arts un écoulement et un emploi avanta-

geux. Les produits secondaires sont des gaz
acide carbonique et acide sulfhydrique, des sels
ammoniacaux, de l'huile empyreumatique et
du goudron. Eh bien, les deux premiers seuls
sont perdus ; les sels ammoniacaux, dissous
dans les eaux de lavage, sont vendus aux fabricants de produits chimiques ; l'huile empyreumatique sert à dissoudre le caoutchouc
pour la préparation des étoffes imperméables ;
le goudron peut, mélangé avec de la résine,
devenir lui-même une source de gaz, ou bien
contribuer, comme combustible, à la distillation de nouvelles quantités de charbon ; il entre
d'ailleurs, comme on le sait, dans la composition du mastic des trottoirs, et sert, dans la
marine, à brayer et à calfater les navires. Enfin
on en retire, en le brûlant, du noir de fumée.
Quant au résidu de la distillation de la houille,
c'est un charbon léger, friable et poreux, bien
connu sous le nom de *coke*, et constituant un
excellent moyen de chauffage.

Soit qu'on ait recours à l'huile ou à la
houille pour obtenir le gaz d'éclairage, celui-
ci s'en retire toujours par distillation ; néanmoins les manières d'opérer diffèrent assez

quant aux détails, pour qu'il convienne de les exposer ici séparément.

Extraction du gaz de l'huile. — On remplit de fragments de coke un cylindre en fonte ou en terre réfractaire, placé horizontalement dans un fourneau en briques. On y fait arriver par un tuyau l'huile contenue dans un réservoir où le niveau du liquide est maintenu à l'aide d'un autre tube alimenté par un robinet, qui y déverse incessamment une quantité d'huile égale à celle qui s'écoule dans le cylindre. Les fragments de coke sont chauffés au rouge-cerise, température à laquelle l'huile se décompose. Le gaz se dégage alors par un troisième tube. Ce dernier, courbé en siphon, se rend dans le réservoir dont nous avons parlé, et plonge de deux centimètres dans l'huile, en sorte que le gaz est forcé de la traverser et d'y déposer les particules non décomposées qu'il a entraînées avec lui. Il passe de là dans le gazomètre, appareil sur lequel nous reviendrons tout à l'heure, sa construction étant la même dans toutes les usines à gaz. Un deuxième réservoir reçoit les gouttelettes d'huile que le gaz a pu emporter dans ce nouveau trajet.

Le coke mis dans le cylindre est destiné à multiplier les *surfaces de chauffe*, et à favoriser ainsi la décomposition du liquide. L'opération doit être conduite avec soin, et la température du fourneau maintenue toujours au même degré : une chaleur trop faible vaporiserait l'huile sans la décomposer ; si au contraire elle était trop intense, le gaz contiendrait une trop forte proportion d'hydrogène, ce qui diminuerait son pouvoir éclairant : et le charbon, subitement rendu à l'état solide, engorgerait le cylindre et les conduits. Quelques précautions que l'on prenne du reste, il se forme toujours à la longue un dépôt charbonneux, et les interstices du coke finiraient par se boucher si l'on n'avait soin de le renouveler de quinzaine en quinzaine.

EXTRACTION DU GAZ DE LA HOUILLE. — La houille d'où le gaz s'extrait le plus abondamment et avec le plus d'avantage, est la houille *compacte* ou *demi-grasse*. Les houilles *grasses* se boursouflent, se distillent avec difficulté, et donnent trop de goudron ; les houilles maigres sont peu riches en hydrogène carboné, et le coke qu'elles laissent pour résidu est trop friable.

Les usines à gaz du Nord et de l'Ouest sont principalement alimentées par les mines d'Anzin, de Commentry, de Douchy et de Mons. Le *flenu* de Mons est estimé presque à l'égal du *channel-coal*, dont les Anglais font, avec raison, tant de cas. Les usines du Midi, du Centre et de l'Est reçoivent leur matière première du bassin de Saint-Étienne.

Les principaux engins servant à la production, à la distribution et à l'emploi du gaz, sont au nombre de huit. Nous allons les décrire successivement, et nous indiquerons en même temps le rôle que joue chacun d'eux dans l'ensemble de l'opération.

1° Les *fourneaux* sont en briques : celles qui forment les parois du foyer doivent être très-réfractaires, à cause de la température élevée qu'elles ont à supporter continuellement. Les foyers sont ordinairement au nombre de trois. Les flammes s'en échappent par des ouvertures pratiquées à la partie supérieure, enveloppent les cornues, puis viennent se réunir au-dessus de la voûte du fourneau, dans un espace libre, d'où elles vont se perdre dans la cheminée, qui doit être commune à tous les fourneaux.

2° Les *cornues* sont des cylindres en fonte, ou mieux, en terre à creuset très-réfractaire, terminés en forme de calotte sphérique à celle de leurs extrémités qui plonge dans le fourneau. Elles sont disposées horizontalement en deux séries, de trois d'abord, placées chacune au-dessus d'un des foyers, puis de deux superposées aux premières. Leur orifice, extérieur et parallèle à l'ouverture du fourneau, se ferme hermétiquement lorsqu'elles sont chargées. Au-dessus et un peu en arrière de l'orifice, une ouverture livre passage à un tube de dégagement appelé *tuyau montant*. C'est dans les cornues que s'opère la distillation. On les chauffe au rouge, puis on les remplit, à moitié seulement, de fragments de houille, afin de laisser au coke la place qu'il doit occuper en se boursouflant. L'opération dure de quatre à cinq heures ; la chaleur est produite par la combustion du coke ou du goudron provenant de distillations antérieures. Il faut environ 75 litres de coke pour épuiser le gaz d'un hectolitre de houille.

3° Le *barillet* est un vase contenant de l'eau dans laquelle plongent les *tuyaux montants*, en sorte que chaque cornue est isolée des autres ainsi que du reste de l'appareil. Cette disposition a pour but de prévenir les accidents qui pourraient résulter des fuites de gaz, des interruptions de travail, etc., ou du moins d'empêcher que les effets de ces accidents ne se propagent et ne compromettent l'existence des ouvriers ou la solidité des appareils.

4° Le gaz passe du barillet dans les *condenseurs*, tubes réfrigérants qu'arrose sans cesse un courant d'eau froide. Dans les condenseurs, le gaz se débarrasse du goudron, de l'huile empyreumatique et d'une partie des eaux alcalines, qui se *condensent* par le refroidissement et s'écoulent au dehors. Pour éviter ici toute fuite de gaz, il est indispensable que les tubes plongent de quelques centimètres dans l'eau.

5° Les *dépurateurs* sont des caisses en fonte partagées en compartiments horizontaux par deux ou trois plaques de tôle percées de trous ; les compartiments sont remplis de mousse ou de foin barbouillé de chaux éteinte. Le gaz est conduit dans les caisses au moyen de tuyaux qui aboutissent à la partie inférieure ; il en sort par un autre tube adapté à la partie supérieure ;

il traverse donc forcément l'espèce d'éponge de chaux que nous venons de décrire, et s'y débarrasse de son acide carbonique et de son acide sulfhydrique. On ajoute aujourd'hui à la chaux, dans plusieurs usines, du chlorure de manganèse, qui absorbe les sels ammoniacaux.

6° Le *gazomètre* est une immense cloche formée de plaques de tôle goudronnées, et assemblées au moyen d'une clouure solide et assez serrée pour ne pas laisser d'interstices entre les plaques. Cette cloche plonge dans un bassin rempli d'eau, construit soit en maçonnerie, comme cela est d'usage en France, soit en fonte, comme en Angleterre ; son maximum de capacité est de 70 à 80,000 hectolitres pour les fabriques les plus importantes. Elle est suspendue à des chaînes glissant sur des poulies, et portant un contre-poids qui l'empêche de peser trop fortement sur le gaz et sur le liquide. Un premier tube communique avec les dépurateurs, et amène le gaz dans le gazomètre ; un second tube est l'artère principale qui doit conduire le gaz dans les innombrables canaux destinés à le distribuer. L'un et l'autre sont garnis de robinets ; lorsqu'on remplit le gazomètre, le robinet du premier tube est ouvert, celui du second est fermé : c'est le contraire qui a lieu lorsqu'on veut faire sortir le gaz ; alors aussi on lève le contre-poids, afin que le gaz, comprimé par la cloche, soit poussé dans les canaux distributeurs.

7° Les *tuyaux* ou *canaux de conduite*, qui servent à distribuer le gaz dans les rues et dans les édifices, sont de deux sortes : les uns, en fonte et d'un gros calibre, circulent sous le sol ; les autres, en plomb et d'un petit diamètre, communiquent avec les premiers et sont fixés le long des murs et des plafonds, ou dans les colonnes creuses qui supportent les lanternes.

8° Les *becs*, qui terminent les conduits, sont en cuivre, de formes diverses, percés de trous ou de petites fentes, par lesquels le gaz s'échappe lorsqu'on tourne un robinet adapté à quelques centimètres au-dessous. Ce sont là les foyers où s'opère la combustion : ils sont le plus souvent, comme ceux des lampes ordinaires, munis d'un verre-cheminée dont la hauteur ne doit pas dépasser 20 centimètres, la flamme étant maintenue dans les limites de 6 à 8.

Il se consomme annuellement à Paris environ

25 millions de mètres cubes de gaz, produits par cent mille tonnes de houille, qui fournissent un résidu de 60 à 65,000 tonnes de coke, dont 20,000 à peu près sont employées comme combustible à la distillation de la houille, et le reste livré au commerce.

Le nombre des becs répandus dans Paris est évalué à près de 90,000, chacun brûlant par heure, en moyenne, 120 litres de gaz, La lumière que donne un bec de gaz est considérée comme égale à une fois et demie celle d'une lampe Carcel. Le mètre cube de gaz vendu au compteur se paie en moyenne 40 centimes.

Voici du reste ce que coûtent, par heure, les différents modes d'éclairage actuellement les plus usités :

A la chandelle des 6,	2 cent. $^4/_5$.
A la chandelle des 8,	2 —
A la bougie de cire,	4 — $^3/_5$.
A la bougie stéarique,	3 — $^4/_2$.
A l'huile, dans les meilleures lampes,	4 — $^4/_5$.
Au gaz,	3 —

GAZ PORTATIF. — Les frais de canalisation souterraine à travers les rues d'une ville telle que Paris sont énormes ; ce mode de distribution donne d'ailleurs lieu à des fuites et à des explosions qui occasionnent quelquefois des accidents funestes ; enfin les administrations des usines à gaz ont eu à se plaindre de la mauvaise foi de quelques consommateurs qui, n'ayant qu'à tourner le robinet de leur tuyau pour donner issue au gaz, ne restaient pas toujours dans la limite de consommation déterminée par leur marché. On a pensé remédier à ces divers inconvénients en comprimant le gaz, au moyen d'une pompe, dans d'énormes cylindres en tôle montés sur un train à roues, et en le portant ainsi à domicile. On n'a pas tardé à reconnaître que la construction de ces appareils fort compliqués, réalisait une médiocre économie, et cette circonstance, jointe à la difficulté de régler la sortie du gaz hors des cylindres, les a fait abandonner, d'autant qu'une concurrence redoutable a surgi contre le gaz portatif *comprimé*. M. Houzeau-Muiron de Reims a substitué aux cylindres des sacs imperméables dont on exprime le gaz au moyen d'une manivelle qui serre des courroies enveloppant cette espèce de ballons. Le gaz portatif *non comprimé* de

M. Houzeau-Muiron est avantageux comme moyen provisoire d'éclairage, dans les maisons où l'on n'a pas encore pu faire arriver des tuyaux de conduite. Il est aussi d'un grand secours pour les établissements tels que salles de concerts, salles de conférences, etc., où le besoin d'un éclairage multiplié ne se produit qu'accidentellement.

GAZ LIQUIDE OU GAZOGÈNE. — On a donné le nom impropre et contradictoire de GAZ LIQUIDE à un mélange d'alcool et d'essence de térébenthine qu'on a appelé depuis plus raisonnablement GAZOGÈNE (*qui engendre le gaz*). Ces deux corps sont l'un et l'autre volatils et très-combustibles; mais le dernier, très-riche en carbone, brûle avec une flamme rougeâtre et fuligineuse qui éclaire mal, en raison de la grande quantité de particules charbonneuses qu'elle dégage sans pouvoir les brûler, et qui obscurcissent sa lumière loin d'en augmenter l'éclat. Le second, au contraire, très-riche en hydrogène, donne par sa combustion une chaleur intense; mais sa flamme bleuâtre éclaire à peine, faute de ce même charbon qui surabonde dans l'essence de térébenthine. On conçoit donc que tous deux étant réunis dans des proportions convenables, l'un corrige la défectuosité de l'autre, et réciproquement. C'est ce qui arrive en effet. Le *gazogène*, employé dans des lampes à double courant d'air, donne une lumière d'une éclatante blancheur. Le réservoir de ces lampes offre ordinairement la figure d'une poire renversée; il est traversé du haut en bas par un tube où l'on introduit une longue mèche en coton non tressée; cette mèche fait monter le liquide jusqu'à un bec circulaire en cuivre percé de trous. Lorsqu'on veut allumer la lampe, on approche du bec une petite éponge métallique en forme de fer-à-cheval, imbibée d'alcool enflammé; au bout de quelques instants, le mélange d'alcool et d'essence de térébenthine, dont la mèche est imprégnée, se transforme en une vapeur qui s'échappe par les trous, et s'enflamme à son tour.

Les lampes à gazogène présentent l'avantage d'une élégance et d'une propreté qu'on obtient difficilement avec les lampes à huile les mieux construites; mais le mélange qu'on y doit brûler est coûteux et d'un maniement dangereux; aussi l'usage ne s'en est-il pas répandu.

GAZ EXTRAIT DE L'EAU. — Les procédés d'extraction et de distribution, et l'emploi du gaz de la houille, du bois et de l'huile, n'ont subi depuis l'origine que des modifications sans importance et portant uniquement sur les opérations secondaires. Mais il s'est produit récemment des tentatives dont nous croyons devoir dire quelques mots, attendu qu'elles tendraient, non pas à perfectionner le système actuellement en vigueur, mais à le remplacer par un autre.

Le célèbre chimiste anglais Humphrey Davy a démontré que les gaz en combustion ne sont point lumineux par eux-mêmes, et que leur flamme, quel que soit le dégagement de chaleur dont elle est accompagnée, ne peut devenir éclairante que si elle contient des particules d'un corps solide fixe; ce sont ces particules qui, portéees au rouge blanc, produisent une lumière dont l'intensité dépend du rapport qui existe entre la quantité de ces particules et l'élévation de la température. De là vient que, comme nous l'avons fait observer un peu plus haut, l'essence de térébenthine brûle avec une flamme rougeâtre. Cette substance, en effet, contient plus de carbone qu'elle n'en peut rendre incandescent; le carbone n'arrive qu'au rouge sombre, il obscurcit la flamme et se perd en grande partie sous forme de *noir de fumée,* sans avoir été brûlé. L'alcool, au contraire, brûle avec une flamme pâle et bleuâtre : il ne contient pas assez de carbone. Le gaz hydrogène pur enfin produit en brûlant une flamme qui se voit à peine, même dans l'obscurité : c'est qu'ici il y a absence totale de particules solides. On conçoit néanmoins qu'il soit facile d'utiliser ce gaz pour l'éclairage, en lui fournissant d'une manière artificielle l'élément lumineux qui lui manque. C'est ce que M. Selligue a réalisé, il y a quelque temps, dans son usine aux Batignolles. Le gaz hydrogène était produit par la décomposition de l'eau à l'aide du charbon de bois, puis, au sortir des cornues, il se mélangeait avec des vapeurs d'huile de schiste, corps riche en carbone, qui rendait sa flamme aussi lumineuse que celle du gaz de houille. Il paraît toutefois que ce procédé ne donna pas alors des résultats économiques très-satisfaisants, car M. Selligue y renonça. Son idée a été reprise et modifiée dernièrement par M. Gillard, qui, au lieu de chercher à *carburer* l'hydrogène, l'amène, tel qu'il est fourni par la décomposition de l'eau, jusqu'au bec où doit s'opérer sa combustion. Seulement le bec est circulaire, et au centre se trouve un *corbillon* ou cylindre formé de fils de platine entrelacés. Le réseau métallique, porté au rouge blanc par la flamme du gaz, remplace parfaitement les particules de charbon, et répand une clarté très-vive, toujours égale, et que les courants d'air ne font point vaciller. Remarquons en outre que le gaz hydrogène extrait de l'eau n'est mélangé d'aucune des vapeurs infectes ou corrosives dont on ne parvient jamais à débarrasser complétement le gaz de la houille. Aussi le procédé de M. Gillard a-t-il été déjà adopté pour l'éclairage des ateliers de dorure et argenture galvaniques de M. Cristofle. L'appareil générateur, qui tient peu de place, est installé dans l'intérieur de l'établissement. Voici en quoi consiste cet appareil :

Une chaudière en forme d'alambic ou de cornue contient de l'eau qu'on maintient à l'ébullition. A mesure que la vapeur se produit, elle passe dans un cylindre en terre réfractaire, contenant du charbon de bois. Ce cylindre est engagé dans un fourneau, et chauffé au rouge vif. La vapeur d'eau, en passant sur le charbon, lui abandonne son oxygène ; l'hydrogène reste libre et se dégage en même temps que l'acide carbonique résultant de la combustion du charbon. Le mélange de ces deux gaz passe par un vase rempli de lait de chaux qui absorbe l'acide carbonique seulement, et laisse passer l'hydrogène. Celui-ci arrive à peu près pur dans le tuyau, et de là au bec où s'opère sa combustion.

Un prêtre belge, l'abbé Nollet, qu'une mort prématurée a enlevé à son ministère et à la science, et après lui M. Shepard, ont réussi a décomposer l'eau par l'électro - magnétisme ; mais ils ont produit plutôt un phénomène curieux au point de vue scientifique qu'une invention susceptible de rendre, au moins dans l'état actuel, des services à l'industrie. Quoi qu'il en soit, l'éclairage par le gaz de l'eau est incontestablement une découverte digne de fixer l'attention des personnes qui s'intéressent aux progrès des arts utiles. La seule cause qui puisse encore à ce sujet faire hésiter les hommes compétents, c'est que le prix de revient de ce nouveau luminaire est un peu plus élevé que celui de l'éclairage au gaz de houille. Reste à savoir si cet inconvénient ne serait pas compensé par les avantages que nous avons signalés, et si d'ailleurs une pratique intelligente et progressive ne le ferait pas disparaître. C'est ce qu'un avenir prochain nous apprendra sans doute.

LE CAOUTCHOUC

I

Histoire du caoutchouc. — Découverte de cette substance. — Ses propriétés. — Son extraction. — Ses principaux usages.

Le caoutchouc, désigné communément sous le nom de *gomme élastique*, est une sorte de gomme-résine tenue en suspension dans le suc laiteux de certaines plantes, la plupart originaires de l'Amérique méridionale, telles que le *Sapium aucuparium*, l'*Euphorbia punicea* et l'*Hevea guyanensis* ou *Siphonia-cahuchu*. La séve de cette dernière plante en contient environ 30 pour 100 de son poids. Il en existe aussi, mais en moins grande quantité, dans le suc de plusieurs autres végétaux communs dans nos climats. Nous citerons entre autres les orties, le pavot et la laitue.

Le caoutchouc fut décrit pour la première fois en 1736 par La Condamine et Bouguer, qui faisaient partie de la commission envoyée alors au Pérou par l'Académie des sciences de Paris, pour mesurer un arc du méridien terrestre. Un peu plus tard, un autre Français qui avait résidé pendant quinze ans à la Guyane, Fresneau, ingénieur, recueillit, grâce aux indications d'un naturel du pays, des détails plus étendus sur cette substance et sur l'arbre qui la produit. Ces détails furent communiqués à l'Académie par La Condamine, en 1751. Enfin un troisième voyageur français, le botaniste Aublet, publia en 1768, sur les plantes de la Guyane, un ouvrage où l'arbre à caoutchouc (*Hevea guyanensis*) est décrit et représenté. Cet arbre atteint une hauteur de 18 à 20 mètres : il porte des fruits à noyau, dont l'amande est blanche et d'un goût agréable. On le rencontre surtout dans les forêts du Maripa, d'Aroura, de Sinnamari et de Saint-Régis.

La gomme qu'on en extrait a été principalement étudiée par le célèbre chimiste Fourcroy, et depuis par MM. Huisly, Trommsdorff, Payen et Bouchardat. C'est un carbure d'hydrogène dont la composition est représentée par la formule chimique C^8H^7. Elle est transparente, incolore, douée d'une élasticité qu'aucune autre substance ne possède au même degré. Ses surfaces récemment coupées se soudent ensemble et contractent une adhésion aussi forte que celle des parties intactes. Sa densité est 0,925 de celle de l'eau. Elle se durcit et se contracte par le froid, mais elle reprend, par la chaleur, sa souplesse et son élasticité. A 120 degrés du thermomètre centigrade, elle entre en fusion et se convertit en un liquide oléagineux qui ne peut être vaporisé sans se détruire, et donne alors naissance à différents carbures d'hydrogène qu'on peut considérer comme ses principes immédiats. Le caoutchouc ne conduit pas l'électricité. Il est tout à fait imperméable à l'eau ; il l'est aussi sensiblement à l'air atmosphérique, et ne se laisse traverser qu'à la longue par l'hydrogène, le plus subtil de tous les gaz. L'oxygène sec ou humide, le chlore, l'eau, les acides faibles, la potasse, même en dissolution concentrée, sont sans action sur lui ; mais il est altéré par les acides nitrique et sulfurique. Il est soluble dans l'éther ainsi que dans plusieurs huiles empyreumatiques, essentielles et grasses, ainsi que dans le sulfure de carbone. Ce dernier liquide est, avec l'huile de naphte, son dissolvant le plus employé; on se sert aussi quelquefois de l'essence de goudron de houille, qui a l'avantage d'être à très-bas prix; tous ces menstrues ont du reste l'inconvénient d'exhaler une odeur très-désagréable. Le caoutchouc lui-même répand, lorsqu'on le chauffe, une mauvaise odeur.

Pour extraire le caoutchouc, on pratique non loin de la racine, dans l'arbre qui le produit, une entaille transversale profonde, qui pénètre dans le bois, puis on creuse dans l'écorce une longue rainure partant du sommet du tronc, et venant aboutir à la première ouverture. De chaque côté de cette sorte de gouttière partent d'autres incisions obliques, disposées de distance en distance comme des barbes de flèche. Le suc qui s'échappe de toutes ces incisions découle le long de la grande rainure et vient s'amasser dans l'entaille inférieure, d'où une feuille de bananier roulée en forme de tuyau le conduit dans un vase placé au-dessous. Là il ne tarde pas à s'épaissir et à devenir solide, à moins qu'on ne le mette aussitôt à l'abri du contact de l'air. C'est ainsi que depuis quelque temps une certaine quantité de suc nous arrive à l'état liquide, dans des bouteilles hermétiquement bouchées. Mais le plus souvent on façonne ce produit en forme de poires, de bouteilles et d'autres objets. Pour cela, on le reçoit sur des moules d'argile qu'on retire ensuite, soit en les brisant, soit en les ramollissant dans l'eau. Quelquefois aussi on en forme des plaques plus ou moins épaisses. La couleur brune foncée que nous voyons au caoutchouc du commerce lui est communiquée par la fumée à laquelle on l'expose pour le faire sécher.

Le caoutchouc fut pendant quelque temps considéré comme un simple objet de curiosité, et recherché par les seuls naturalistes ; toutefois on utilisa d'assez bonne heure, pour l'art du dessin, la propriété qu'il possède d'enlever les traces du crayon sans graisser le papier comme fait la mie de pain. Puis on songea enfin à tirer parti de ses qualités les plus précieuses, à savoir de son imperméabilité et de son élasticité. Il devint dès lors la base d'industries variées, qui prirent un rapide développement.

En 1785, le physicien Charles se servit d'une dissolution de caoutchouc dans l'essence de térébenthine pour enduire et rendre imperméable au gaz son aérostat à hydrogène. Ce vernis a depuis été généralement remplacé en aérostation par l'huile de lin lithargyrée.

En 1790, on fit avec le caoutchouc une sorte de ressorts et de ligatures extensibles. On parvint même alors à le ramollir et à l'étendre sur des tissus grossiers, pour les rendre imperméables. Ce fut à cette même époque que Fourcroy reconnut la solubilité de ce corps dans l'éther. L'année suivante, Grassart transforma en tubes des lanières de caoutchouc tournées en spirales et pressées à chaud autour de cylindres en verre de diverses grosseurs.

L'art de découper le caoutchouc en fils dont on pût faire des tissus élastiques est dû à M. Nadler (1820). Bientôt après, la fabrication des tissus imperméables, restée jusque alors dans l'enfance, fut portée à un très-

haut degré de perfection par un Écossais,
M. Mac-Intosh, dont le nom a longtemps servi
exclusivement à les désigner. Le procédé de
M. Mac-Intosh consiste à réunir entre elles
deux pièces d'étoffe au moyen d'une colle
faite avec du caoutchouc dissous dans l'huile
de naphte ; l'adhérence est alors si complète,
nous dirions presque si intime, que les deux
pièces semblent ne former qu'un seul et même
tissu. Voici, en quelques mots, comment on
obtient ce résultat : Les pièces d'étoffe sont
étendues sur une grande table bien plane. On
les enduit successivement toutes deux de plusieurs couches de la dissolution de caoutchouc,
en ayant soin d'attendre, avant de donner une
nouvelle couche, que la précédente soit sèche.
Enfin l'une des deux pièces seulement reçoit
une dernière couche, et l'on y applique aussitôt l'autre pièce du côté de son vernis ; elles
doivent être tendues assez fortement dans tous
les sens pour qu'il ne s'y fasse aucun pli.
L'étoffe imperméable étant ainsi formée, on la
sèche dans une étuve, puis on la passe entre
deux cylindres pour lui donner plus de souplesse. Tous les tissus et même les cuirs sont

également propres à ce genre de préparation, et l'on peut à volonté réunir ensemble des tissus semblables ou différents ; mais on conçoit aisément que, pour la fabrication du Mac-Intosh destiné aux vêtements, les étoffes souples et légères sont préférables.

Les paletots et manteaux imperméables de Mac-Intosh, qui avaient joui pendant long-temps d'une grande vogue, sont généralement remplacés aujourd'hui par des vêtements plus légers et d'un prix moins élevé, dans lequel l'étoffe vernie est simple ; la doublure est laissée à la fantaisie du confectionneur. On en fait aujourd'hui qui ont reçu le nom assez bizarre de *Janus* : ils sont en effet à double face, et peuvent se retourner à volonté. Une face est d'étoffe imperméable, c'est celle qu'il faut présenter au mauvais temps ; l'autre est d'un tissu dit *Orléans*, tissu fin, brillant, presque semblable à de la soie : c'est le côté qui prend l'air quand il fait beau.

La fabrication des chaussures imperméables ne remonte pas à plus d'une dizaine d'années. Ces chaussures sont faites d'après un procédé différent de celui qui préside à la confection des vêtements. Le caoutchouc, au lieu d'être étendu en dissolution sur un tissu, est coulé et moulé en feuilles plus ou moins épaisses sur des formes; il est ensuite vernissé à l'extérieur et doublé de toile à l'intérieur. Quelquefois une plus grande épaisseur du caoutchouc sous la chaussure tient lieu de semelle; mais plus souvent on y colle des semelles en cuir ou en *gutta-percha* (1). Ces chaussures préservent parfaitement les pieds de toute humidité venant de l'extérieur, et l'on peut avec elles marcher littéralement à pied sec dans une mare d'eau; il n'est même pas rare, par les temps boueux, de voir des particuliers crottés se planter au milieu d'un ruisseau (lequel remplit en ce cas économiquement l'office du décrotteur), puis se secouer les pieds et se présenter dans les maisons les mieux tenues, avec leurs chaussures aussi propres que s'ils sortaient de leur appartement. Mais pour ce qui est de l'humidité naturelle provenant de la transpiration, elle demeure emprisonnée, concentrée, et il en résulte divers inconvé-

(1) Substance à laquelle nous consacrerons tout à l'heure quelques pages.

nients sur lesquels il est inutile d'insister, et qui rendent les chaussures en caoutchouc tout à fait intolérables pour beaucoup de personnes, quand la température de l'atmosphère est un peu élevée.

Après les tissus imperméables sont venus les tissus élastiques, pour la fabrication desquels MM. Rattier et Guibal prirent en Angleterre et en France plusieurs brevets (1831). En 1845, MM. Hancock et Broding découvrirent que le caoutchouc combiné avec une certaine quantité de soufre acquiert la propriété de conserver son élasticité d'une manière égale et permanente, quelle que soit la température de l'atmosphère, en sorte que les divers ustensiles qui en sont formés peuvent être transportés sous la zone tropicale sans y devenir trop mous, et dans les régions polaires sans y perdre leur souplesse. Cette préparation reçut des inventeurs le nom de *volcanisation*. Un peu plus tard, M. Parkes parvint à *volcaniser* les objets en caoutchouc par une simple immersion à froid dans un mélange de 97,5 de sulfure de carbone, et 2,5 de protochlorure de soufre. Cette sorte de *trempe* du caoutchouc

a encore été perfectionnée depuis par M. Péroncel de Paris.

Nous ne devons pas oublier de citer, comme
l'une des plus importantes applications du
caoutchouc, la *glu-marine*, sorte de colle-forte
inaltérable par l'eau, et qui réunit avec une
ténacité extraordinaire les pièces de bois entre
lesquelles on l'interpose. La glu-marine n'est
autre chose qu'une dissolution de caoutchouc
et de gomme-laque dans l'huile essentielle de
goudron. On l'emploie dans la marine pour
la construction des mâts d'assemblage, pour
le radoub des parties de la coque d'un navire
qui supportent le plus de fatigue, et pour le
raccommodage des vergues et de la mâture. Une
vergue, un mât bien rajustés à l'aide de la
glu-marine ne se brisent jamais à la soudure.

Le caoutchouc est aujourd'hui fort employé
pour la confection de divers bandages et autres
appareils de chirurgie. On en fait aussi : des
coussins élastiques ; — des tampons et des
rondelles pour amortir le choc des wagons sur
les chemins de fer ; — des marteaux de piano,
des ressorts et des loquets pour les portes ; —
des rouleaux de pression, de contre-pression

pour la fabrication du papier; — des rouleaux dits *porte-couleur* pour l'impression sur étoffes; — des cylindres d'encrage pour la typographie et la lithographie; — des tubes, des robinets volants pour certaines eaux minérales, pour les lessives alcalines et pour quelques acides faibles; — diverses pièces applicables aux appareils de physique et de chimie; — enfin des bretelles, des jarretières, des courroies, des ballons et des balles à jouer, des vases portatifs, etc., etc.

II

Manipulation du caoutchouc.

Les opérations que le caoutchouc, considéré comme matière première, subit avant d'être livré soit aux consommateurs, soit aux fabricants spéciaux, sont au nombre de six principales: nous les décrirons successivement.

I. AGGLOMÉRATION EN ROULEAUX. — On forme avec les bouteilles, plaques, etc., de caoutchouc brut, préalablement lavées et sé-

chées, et avec des rognures provenant des
diverses fabriques, un paquet de 14 kilogrammes. Ce paquet, chauffé à 40° dans une
étuve, est comprimé et malaxé à l'aide d'un
appareil appelé *loup*. Le loup se compose d'un
cylindre plein, en fonte, armé de dents en
fer, et qui tourne de 60 à 70 fois sur son
axe en une minute, dans un manchon ou
cylindre creux en tôle. Il est mis en mouvement par une machine de la force de cinq ou
six chevaux. L'opération dure dix minutes,
après lesquelles le paquet de caoutchouc est
transformé en un rouleau homogène de 40 centimètres de longueur sur 18 à 20 de diamètre.
Le loup est muni à sa partie inférieure d'un
double fond où l'on projette en hiver un courant de vapeur qui en maintient la température à 40 ou 50 degrés; à la partie supérieure est pratiquée une ouverture munie d'un
couvercle. C'est par cette ouverture qu'on introduit et qu'on retire le caoutchouc.

Pour transformer les rouleaux en tables,
en pains ou en blocs, on les tient fortement
pressés ensemble, au nombre de trois ou
quatre, pendant une huitaine de jours, dans

un moule qui est lui-même placé dans une étuve chauffée à 50°. Les blocs sont divisés en feuilles de diverses épaisseurs par un couteau mécanique très-affilé, animé d'un mouvement rapide de va-et-vient. L'adhérence que contractent aisément les feuilles de caoutchouc récemment coupées permet d'ajouter ensemble les feuilles ainsi obtenues, ou de les transformer en tubes et autres objets creux. Il suffit en effet de couper en biseau les parties qu'on veut réunir, et de juxta-poser les sections en les pressant un peu, pour qu'elles se soudent bientôt fortement.

II. Découpure en fils du caoutchouc normal et du caoutchouc épuré. — Les fils de caoutchouc normal sont découpés sur des disques taillés eux-mêmes dans les bouteilles apportées d'Amérique. Ces disques, fixés sur un pivot horizontal, sont présentés au tranchant de ciseaux mécaniques. On obtient de la sorte des fils de toutes grosseurs auxquels on ôte par le froid, pour les tisser plus aisément, leur élasticité qu'on leur restitue ensuite en les exposant à une température de 45°.

Pour les fils en caoutchouc épuré, l'opération s'exécute sur des feuilles de 1 ou 2 centimètres d'épaisseur, taillés dans les rouleaux, et qu'avec des couteaux circulaires on découpe d'abord en rubans, puis en fils plus ou moins fins. Dans la découpure des fils ainsi que dans celle des feuilles, le jeu des instruments tranchants est toujours favorisé par un filet d'eau froide.

III. Moulage des balles élastiques. — On prend les rouleaux tels qu'ils sortent du loup, et on les divise, avec une râpe en tôle, en menus morceaux qui, échauffés par le frottement, s'agglomèrent de façon à former une masse molle et spongieuse. C'est cette masse qu'on pétrit en boules, auxquelles on donne une forme régulière en les pressant dans des moules sphériques.

IV. Préparation des feuilles en caoutchouc étiré. — Par une pression convenable, on transforme un rouleau trituré au loup en une plaque épaisse, qu'on chauffe ensuite à 50°, et qu'on passe successivement, à plusieurs reprises, entre deux cylindres qu'on serre chaque fois davantage l'un contre l'autre. Ces cylindres sont creux, et l'on y introduit des lingots de fer assez chauds pour maintenir toujours la température de l'appareil à 100° environ. Lorsque la plaque de caoutchouc est réduite à une épaisseur de 2 ou 3 centimètres, on continue de la passer au laminoir, mais en la repliant sur elle-même, comme font les pâtissiers de leur pâte lorsqu'ils lui veulent donner de la légèreté. Enfin, pour le dernier tour, on serre fortement les vis, et l'on obtient une feuille de caoutchouc très-mince, à laquelle on peut donner une longueur indéfinie en ajoutant toujours de nouvelle matière en avant des cylindres. Cette feuille est, au sortir du laminoir, assez mince, assez molle et assez adhésive pour être immédiatement appliquée sur des tissus. Si l'on veut la conserver pour d'autres usages, on la reçoit, à mesure qu'elle se déroule, dans un bain d'eau froide, puis on l'enroule sur un cylindre en bois, en la saupoudrant de talc pulvérisé.

V. Dissolutions et pates de caoutchouc. — Les dissolutions de caoutchouc se préparent dans un appareil appelé *broyeuse*, composé de cinq cylindres ayant chacun 40 centimètres de long sur 12 de diamètre, et

tournant dans autant de cuvettes placées
au-dessus d'une chambre qu'on chauffe à la
vapeur. On place dans une rigole située en
avant du premier cylindre une certaine quantité de caoutchouc divisé en menus morceaux,
et qu'on a fait d'abord digérer pendant 24 ou
48 heures dans un bain d'essence de térébenthine rectifiée ou de sulfure de carbone,
afin de l'amollir et de le goufler. Cette sorte
de pâte, après avoir été malaxée dans la première cuvette, rencontre une lame de couteau
tangente à la surface courbe du cylindre. Cette
lame force la pâte à s'engager dans la cuvette
du second cylindre ; elle passe ensuite, par
le même mécanisme, dans la troisième cuvette,
puis dans la quatrième, et enfin dans la cin-
quième, d'où elle est poussée sur un plan
incliné qui la fait tomber dans un récipient.

Ces pâtes et ces dissolutions sont principalement employées pour souder les pièces de
caoutchouc, soit entre elles , soit avec d'autres
objets ; — pour enduire les boiseries qu'on
veut préserver de l'humidité ; — pour coller
certaines pièces délicates d'ébénisterie ; — enfin
pour confectionner des reliures qui sont à la

fois souples et solides. La dissolution de caoutchouc dans l'huile de colza sert bien à lubréfier les parties frottantes des machines. On prépare encore, en mélangeant au caoutchouc fondu à 210° de la chaux éteinte en poudre fine, des mastics très-ductiles et très-tenaces, au moyen desquels on peut tenir des flacons et divers vases hermétiquement bouchés pendant plusieurs années.

VI. Volcanisation ou sulfuration du caoutchouc. — Plonger dans un bain de soufre fondu à 120° des feuilles de caoutchouc de 2 à 3 centimètres d'épaisseur, et les y laisser pendant un quart d'heure environ, tel fut d'abord le procédé employé par M. Hancock, inventeur de la *volcanisation*. Le caoutchouc absorbait durant cette immersion 12 à 15 pour 100 de soufre, et acquérait ainsi les qualités précieuses que nous avons signalées dans la première partie de cette notice. Mais tout change et se perfectionne dans l'industrie. Bientôt M. Hancock parvint, de concert avec M. Broding, à volcaniser le caoutchouc en le triturant à chaud avec un mélange de soufre et de sulfure d'arsenic; puis ces deux savants

industriels obtinrent des résultats non moins
avantageux en exposant les feuilles de caoutchouc, dans un vase clos, à un courant de
vapeur d'eau à 160°, fourni par une chaudière
à compression, et passant sur du soufre fondu
dans un vase intermédiaire. Grâce à cette
disposition, la vapeur d'eau surchauffée entraîne avec elle assez de vapeur de soufre
pour en imprégner les feuilles de caoutchouc
amollies par l'élévation de la température. Enfin
est venu le procédé de MM. Parkes, de Birmingham, et Péroncel de Paris; d'après ce nouveau système, on opère de la manière suivante:

Les divers objets en caoutchouc normal,
bouteilles, tubes, boules, cylindres, feuilles, etc., sont lavés et séchés, puis plongés
dans un bain formé de 100 parties de sulfure
de carbone et de 2 parties de chlorure de
soufre. Au bout d'une minute seulement, on
les retire, on les expose à un courant d'air
tiède, puis on les replonge dans le bain; on
les y laisse une minute et demie encore, on les
sèche de nouveau, et enfin on les lave, d'abord
avec de l'eau légèrement alcaline, puis avec
de l'eau ordinaire.

Remarquons que les proportions du mélange que nous venons d'indiquer sont celles qui conviennent pour les objets d'épaisseur ordinaire, c'est-à-dire de 2 à 3 millimètres ; pour de plus minces, il faut diminuer la durée du bain et augmenter la proportion de chlorure de soufre ; et réciproquement, pour des feuilles plus épaisses, on doit prolonger l'immersion et augmenter la dose de sulfure de carbone. Le mélange dont se servent MM. Parkes et Péroncel peut être également employé pour volcaniser les objets creux garnis intérieurement de caoutchouc. Il suffit pour cela de les remplir de cette liqueur, qu'on y laisse séjourner pendant deux minutes, et de les rincer ensuite successivement avec de l'eau alcaline et avec de l'eau ordinaire.

La sulfuration en grand du caoutchouc doit toujours se pratiquer dans des chambres où l'air se renouvelle sans cesse, ou mieux encore sous des hangars ouverts à tous vents. Cette précaution est nécessitée à la fois par l'inflammabilité des substances employées, et par l'odeur fétide et les propriétés délétères du sulfure de carbone et du chlorure de soufre.

On donne aujourd'hui la préférence au caoutchouc volcanisé sur le caoutchouc normal pour toutes les applications dont cette matière est susceptible; il faut en excepter cependant la préparation des pâtes et mastics, où les propriétés communiquées au caoutchouc par le soufre deviennent complétement inutiles.

LA GUTTA-PERCHA

La GUTTA-PERCHA est pour la science aussi bien que pour l'industrie une chose toute nouvelle, et l'arbre gigantesque qui la produit n'avait pas encore, à une époque très-rapprochée du moment actuel, attiré l'attention des voyageurs et des naturalistes. Cet arbre est pourtant fort commun dans les îles de l'archipel Indien, à Bornéo, à Sumatra, à Singapore, etc.; et depuis un temps immémorial les indigènes savaient en extraire une substance dont ils faisaient des manches de hache et quelques autres ustensiles. Mais il y a seulement une dizaine d'années qu'un chirurgien anglais, M. Montgomery, fut informé

3*

de ces particularités. Il se procura alors une certaine quantité de cette gomme singulière, l'apporta en Angleterre et en fit hommage à la Société royale des sciences, qui lui décerna en échange une médaille d'or. La nouvelle d'une découverte aussi importante ne pouvait manquer de se répandre avec promptitude et d'intéresser vivement le public. C'est ce qui est arrivé : la science, les arts, l'industrie, la spéculation se sont emparés du nouveau produit, l'ont étudié, baptisé, analysé, façonné, fabriqué, annoncé, vanté; en un mot, l'ont fait passer, dans l'intervalle de quelques mois, par toutes les épreuves que tant d'autres substances curieuses ou utiles ne subissent qu'au milieu de délais, d'interruptions, d'hésitations sans fin. La gutta-percha est donc aujourd'hui aussi bien connue des chimistes que tel corps découvert il y a deux cents ans. Ses propriétés en font assurément un produit précieux, susceptible d'une foule d'applications heureuses; mais avouons aussi que la réclame en a passablement exagéré l'importance, et que, comme on fait ordinairement des nouveautés, on en a vanté les qualités

outre mesure. A entendre ses prôneurs, la
gutta-percha était bonne à tout usage. Elle
pouvait, selon les besoins, selon les fantaisies
même de chacun, revêtir les caractères les
plus opposés. Maintenant encore quelques en-
thousiastes, dont la plupart ne sont pas dés-
intéressés, persistent à la représenter comme
une sorte de panacée universelle... Mais n'an-
ticipons pas et procédons par ordre. Nous
dirons en terminant quels sont les services
qu'on peut raisonnablement attendre de la
gutta-percha; mais il importe d'indiquer premièrement sa nature, ses propriétés, et les
préparations élémentaires qu'on lui fait subir
avant de la livrer au commerce.

La GUTTA-PERCHA OU GUTTA-TUBAN, comme
l'appellent, dit-on, les Malais, est une gomme
tenue en suspension dans la séve descendante
de l'*Isonandra-percha* de Hooker (famille des
Sapotées, genre *Bassia Butyracca*). Cette plante
atteint jusqu'à 20 mètres de hauteur, et sa
circonférence est ordinairement de 3 mètres
au moins à la base. Ses feuilles ont 8 à
10 centimètres de long; elles sont de forme
ovale et terminées en pointe de lance. Leur

surface supérieure est d'un vert pâle, l'inférieure est d'un brun rougeâtre. Les fleurs de l'isonandra sont axillaires, groupées par grappes de deux ou trois à l'extrémité des branches, et supportées par des pédoncules courbés. Ses fruits fournissent une huile épaisse, dont les naturels de l'archipel assaisonnent leur nourriture. Son bois, d'un tissu lâche et sans consistance, n'est bon qu'à être brûlé lorsqu'il est sec. La méthode employée par les Indiens pour en extraire le suc laiteux était brutale et destructive. Elle consistait tout simplement à abattre l'arbre, à le placer dans une position inclinée, et à recueillir dans des feuilles de bananier la séve qui en découlait. Heureusement l'intervention des Européens n'a pas tardé à faire justice d'un procédé aussi barbare et aussi ruineux, et à y substituer celui qui est suivi pour l'extraction du caoutchouc, et que nous avons décrit dans la notice qui précède.

Le chimiste qui a le plus étudié la gutta-percha est M. Payen. Il a constaté que la composition de cette gomme est la même que celle du caoutchouc (8 équivalents de carbone et 7 d'hydrogène). Ce sont deux corps *isomères*, c'est-à-dire identiques quant à leur constitution élémentaire, et différents seulement par quelques-uns de leurs caractères extérieurs. C'est pourquoi l'on aurait pu, selon nous, — on aurait dû peut-être, — au lieu de désigner la nouvelle gomme par un nom barbare et qui ne signifie rien, lui appliquer celui du caoutchouc modifié *ad hoc;* ou, mieux encore, donner à ces deux corps jumeaux un nom générique commun, sauf à les distinguer l'un de l'autre par une épithète indiquant les propriétés particulières de chacun. Espérons que cette réforme sera, comme d'autres, amenée par les progrès de la chimie, et par la création si justement désirée d'une nomenclature rationnelle ; et, en attendant qu'elle s'accomplisse, continuons, faute de mieux, à nous servir du nom que l'usage a provisoirement consacré.

La gutta-percha donc (puisque gutta-percha il y a) est, comme le caoutchouc, imperméable et inaltérable à l'eau ainsi qu'aux gaz, inattaquable par les solutions alcalines, par les acides végétaux, par les acides minéraux étendus ou peu énergiques, par les boissons faiblement alcooliques, telles que le vin, la bière, le cidre. Elle est soluble, au contraire, dans le sulfure de carbone, dans l'huile de naphte, dans le benzine, dans l'essence de térébenthine, et dans quelques autres huiles fixes ou volatiles. Elle conduit très-mal le calorique et l'électricité. Sa pesanteur spécifique est représentée par le nombre 0,979. La gutta-percha usuelle, c'est-à-dire telle qu'on la trouve dans le commerce après qu'elle a été mécaniquement épurée, est solide et dure à la température ordinaire ; tenace, souple, mais sans élasticité, et d'une consistance qui lui a fait donner, avec quelque raison, le nom assez pittoresque de *cuir végétal*. Sa couleur est brune-grisâtre; sa structure est naturellement poreuse, mais elle peut être rendue compacte par un étirage accompagné d'une forte pression. Elle éprouve, vers 100°, une sorte de fusion pâteuse qui permet de la malaxer et de lui donner toutes sortes de formes, qu'elle conserve lorsque ensuite on lui rend sa dureté par le refroidissement. A la température de 45 à 60 degrés, on peut l'étirer en feuilles assez minces, en fils et en tubes d'un petit

diamètre ; sa souplesse et sa ductilité dimi-
nuent à mesure que sa température s'abaisse.
On peut en former à chaud, avec le caoutchouc, une sorte d'alliage qui participe à la
fois des propriétés de l'une et de l'autre
gomme, et qui est susceptible de diverses applications utiles.

La gutta-percha nous arrive des Indes sous
forme de pains, de masses feuilletées et de
rouleaux. En cet état, elle contient beaucoup
d'impuretés, surtout de la terre et des débris
ligneux. On l'en débarrasse de la manière suivante :

On la divise une première fois grossièrement
à l'aide d'un instrument appelé *coupe-racines*,
semblable à celui dont on se sert dans les
ménages pour hacher les légumes destinés à
la préparation du potage *à la julienne*. La
pièce principale de cet appareil est un disque
muni de trois lames de rabot. Le disque est
fixé verticalement à un axe horizontal, sur
lequel il tourne avec rapidité. Chaque lame
rencontre à son tour le pain de gutta-percha,
et contribue à le diviser en copeaux qui, passant par un orifice percé au centre du disque,

tombent dans de l'eau chauffée à 90 ou 100 degrés. Ce premier bain a pour effet non-seulement d'amollir la gutta-percha, mais encore
d'imbiber et de rendre plus lourdes les matières étrangères qui s'y sont mêlées, en sorte
qu'une grande partie tombe d'abord au fond
de la cuve, tandis que la gomme surnage,
épurée déjà jusqu'à un certain point. On la
recueille et on la pétrit en blocs irréguliers,
qui subissent dans un autre appareil une
épuration définitive.

Ce second appareil est composé d'une série
de trois cylindres armés, sur toute leur surface
courbe, de lames tranchantes qui divisent les
blocs de gutta-percha en menues parcelles, et
font tomber ces râpures dans des bassins remplis d'eau très-chaude. Après avoir ainsi passé
par trois broyages et par autant de lavages
successifs, la matière est poussée, par un mou-
linet tournant au sein même du liquide, sur
une toile sans fin qui l'amène en présence de
plusieurs autres paires de cylindres. Ceux-ci
sont unis, et destinés, non plus à la diviser,
mais au contraire à la pétrir, à en exprimer
l'eau, à lui donner enfin la consistance et

l'homogénéité qu'elle doit avoir. Une dernière pression qu'elle subit entre les rouleaux d'un laminoir lui donne la forme de feuilles. Elle est alors suffisamment pure, et propre à être façonnée.

Revenons maintenant à l'article des applications. Si l'on en croyait la réclame industrielle, avons-nous dit plus haut, la gutta-percha serait la matière première par excellence, et il n'y aurait point de service qu'on ne fût en droit d'en attendre. Le fait est qu'étant assez inaltérable, susceptible en outre de prendre les formes les plus variées, d'être dure ou molle, résistante ou ductile suivant la température à laquelle on l'expose, il n'est guère d'objet qu'on n'en puisse faire. Mais cette extrême facilité à changer d'état est, dans mainte circonstance, un inconvénient dont on ne saurait méconnaître la gravité, et en raison duquel plusieurs des substances, telles que le bois, le cuir, le métal, etc., auxquelles on a voulu la substituer, lui demeurent sous bien des rapports infiniment préférables. D'ailleurs la plupart des qualités de la gomme qui nous occupe ont été, nous le répétons, fort exa-

gérées; d'autres lui ont été attribuées au moins
témérairement. C'est ainsi qu'on a prétendu
que la gutta-percha, appliquée en feuilles sur
les membres, *guérit les rhumatismes!*... Au
fait, pourquoi pas? Mais, la part étant faite
de ces hyperboles dont on comprend facilement le but, il faut convenir que le produit
récemment importé en Europe par M. Montgomery est pour nous une excellente acqui-
sition.

On emploie avec succès la gutta-percha à
fabriquer des tuyaux de conduite pour les eaux,
soit pures, soit alcalines ou faiblement acides;
à doubler les vases destinés à recevoir des
liquides qui peuvent attaquer le bois et la plupart des métaux, par exemple les cuves dont
on se sert pour la galvanoplastie. Elle est également-
ment propre à la confection de divers objets de
fantaisie (écritoires, porte-montres, coffrets,
cadres, statuettes, figurines), auxquels on
peut donner aisément, par le moulage, les
formes les plus élégantes; — d'ustensiles de
voyage (gourdes, écuelles, etc.), qui ne se
cassent point; — de robinets, obturateurs,
pistons, clapets, siphons, etc., qui s'adap-

tent exactement sans que l'humidité les gonfle ou que la sécheresse les contracte ; — de rouleaux, bobines, cylindres de pression, qui offrent plus de dureté que les mêmes objets faits en caoutchouc...

Il y aurait déjà là, on le voit, de quoi satisfaire l'ambition des prôneurs intéressés de la gutta-percha; mais ce n'est pas tout encore, et cette substance a rendu, non-seulement à l'industrie, mais à la civilisation même, un important service que nous ne saurions passer sous silence. Il y a trois ans à peine qu'on eut l'idée d'enfermer dans des tubes en gutta-percha les fils conducteurs du télégraphe electrique, pour les faire passer sous le sol et dans l'eau. On réussit de la sorte parfaitement à les préserver de toute action destructive, en même temps qu'à éviter toute déperdition du subtil fluide ; et cette heureuse invention a permis de réaliser une des merveilles de notre époque, la *télégraphie électrique sous-marine.*

Telles sont, à notre jugement, les applications les plus sérieuses et les plus fécondes de la gutta-percha. Une foule d'autres ont été tentées, mais n'ont point produit les résultats qu'on en attendait. Nous croyons donc inutile de les énumérer. Si quelques-uns de nos jeunes lecteurs tenaient à être complétement édifiés à ce sujet, nous les renvoyons à une petite brochure sur papier jaune, publiée en manière de prospectus par MM. Leverd et Cie, dont le superbe magasin, situé sur le boulevard des Italiens, à Paris, offre au public tous les ustensiles et objets d'art imaginables façonnés en gutta-percha, depuis les semelles de bottes jusqu'aux ornements de salon. Ces fabricants ont du reste, rendons-leur cette justice, porté leur industrie à un degré de perfection vraiment remarquable.

LE VERRE

I

Importance du verre au point de vue de la civilisation. — Notions sur l'origine et les progrès de sa fabrication.

Le verre est une de ces substances dont l'usage est devenu si universel, dont les applications sont si nombreuses, si importantes, et en quelque sorte si intimement adaptées à l'état de notre civilisation, que nous avons peine à comprendre qu'autrefois des peuples, arrivés aussi pourtant à un degré très-avancé de bien-être et de luxe, aient pu s'en passer. Qu'on ait fait pendant des siècles des amphores, des coupes, des vases de toute forme avec d'autres substances, telles que le grès, l'argile, les métaux, et que pour cet usage on ait su se passer du verre, nous le concevons ; mais c'est dans ses applications à l'architecture que nous regardons cette matière première comme étant d'une nécessité presque indispensable. Faute du verre, en effet, il faudrait ou, laissant nos habitations ouvertes à tous vents, nous exposer au froid, à la pluie, à la neige ; — ou, renonçant, dans la saison rigoureuse, à toute occupation sédentaire, nous enfermer, comme les loirs et les marmottes, dans de véritables tanières où la lumière ne pénètrerait point.— Que deviendraient alors les sciences, les arts, la littérature, l'industrie ? — Que de progrès rendus impossibles ! que de nobles jouissances de l'esprit dont nous serions privés ! — Quelle triste uniformité imposée à toute une moitié de notre existence ! — Nous aurions, il est vrai, la ressource d'éclairer artificiellement en hiver nos maisons hermétiquement closes : mais combien de gens pourraient se donner ce luxe ? Combien d'autres, au contraire, verraient littéralement un quart, un tiers, une moitié de leur existence (selon les climats), condamnés à l'inaction, à la torpeur (1)!.... A quoi bon, dira-ton, ces hypothèses, ces réflexions oiseuses ? — à montrer combien le verre est une chose utile, et quels services immenses il a rendus à l'humanité. Sans doute les cités anciennes ont pu subsister et prospérer jusqu'à un certain point sans le secours de cette substance : nous le savons bien; mais il n'est pas douteux qu'on ne doive en grande partie attribuer à l'absence du verre chez les anciens l'impuissance de leur industrie, les défectuosités de leur civilisation, et surtout l'impossibilité où ils furent de faire avancer au delà d'un

(1) « Tous les objets en verre sont tellement usuels, que, pour se faire une idée de leur importance, il suffirait de songer à quelles privations chacun serait condamné si l'on n'avait ces objets à profusion dans toutes les demeures, et d'abord si des vitres, bien peu dispendieuses, ne permettaient, jusque dans les plus humbles réduits, de jouir de la lumière tout en s'abritant contre les intempéries des saisons; s'il fallait un jour se passer de ces innombrables vases qui conservent si bien nos boissons et les divers liquides alimentaires; de ces enveloppes ou lames diaphanes qui préservent de diverses altérations une foule de produits des arts, sans les dérober à la vue; de ces oculaires au moyen desquels l'optique rend, en quelque sorte, une nouvelle vue au grand nombre des personnes chez lesquelles des circonstances naturelles ou accidentelles entravent cette précieuse faculté. » (PAYEN, *Chimie industrielle*, p. 363.)

degré tout à fait rudimentaire les sciences d'observation (1).

Heureusement encore pour les peuples éclairés et policés de l'antiquité, ils habitaient des pays où la douceur du climat, la richesse et la productivité naturelle du sol d'une part, leur permettaient de vivre à peu près constamment *sous l'abri du ciel* (2), d'autre part leur four-

(1) Toutes les sciences d'observation qui distinguent les civilisations avancées et qui étendent chaque jour nos connaissances, empruntent le secours du verre pour construire leurs appareils les plus fréquemment employés, la plupart de leurs instruments de précision, leurs ustensiles où l'on essaie divers procédés, où l'on apprécie les qualités des matières premières, des produits fabriqués, des substances alimentaires, où l'on parvient à découvrir les falsifications de ces produits, à déterminer la composition des amendements, des engrais utiles à l'agriculture, où l'on réalise enfin les conceptions auxquelles la chimie et la physique expérimentales peuvent donner un caractère positif. (PAYEN, *Chimie industrielle*, p. 363 et 364.)

M. Payen, qui parle surtout en chimiste, semble oublier de citer, parmi les sciences auxquelles le verre a rendu d'éminents services, l'astronomie : voilà pourtant une branche admirable de nos connaissances, celle peut-être qui fait le plus éclater la grandeur de l'homme, et que, sans le secours du verre, le génie même des Copernic, des Galilée, des Leibnitz, des Newton, des Herschell, des Arago, eût été impuissant à porter à un degré de perfection qui fût de beaucoup supérieur à celui qu'avaient atteint les pâtres de la Chaldée.

(2) Cela résulte de l'inspection des maisons conservées sous

nissait assez abondamment et avec assez de facilité les choses nécessaires à la vie, pour que le besoin de se livrer à des recherches attentives, à des travaux assidus, ne se fît pas vivement sentir. Aussi voyons-nous les peuples de l'Orient, Chinois, Indiens, Hébreux, Phéniciens, Égyptiens, favorisés en cela comme en tant d'autres choses par la clémence de leur ciel et la fécondité de leur pays, acquérir les premiers dans les arts, dans les lettres, dans les conditions matérielles de la vie, ce développement qui ne fut pour les Européens que la conséquence d'un travail pénible, et qui succéda chez eux à une longue barbarie.

Et remarquons encore que parmi ces derniers, les Grecs et les Romains, c'est-à-dire ceux qui occupaient les régions les plus chaudes de l'Europe, profitèrent les premiers des leçons et des importations bienfaisantes de l'O-

les cendres et les laves du Vésuve à Herculanum et à Pompéi : toutes les pièces de ces maisons sont petites ; elles étaient en outre à peine meublées. Il est évident que les habitants n'y restaient que quand ils ne pouvaient pas faire autrement, et passaient dans les rues et sur les places la plus grande partie de leur existence. Ce détail de mœurs est du reste confirmé par les auteurs latins et grecs.

rient; mais les peuples du Nord, bon Dieu! obligés de s'enterrer pendant tout l'hiver dans des cavernes (1), et de passer leur été à amasser par la guerre, par la chasse, par la culture, des provisions pour cette saison rigoureuse et sombre où toute occupation leur était interdite, — comment auraient-ils pu progresser, n'ayant point de verre?

Nous pourrions, à ce propos, entrer dans des considérations qui ne seraient pas sans intérêt, touchant les causes qui sont de nature à déterminer ou à favoriser l'éclosion et la marche des progrès moraux, artistiques, scientifiques, etc., chez les différents peuples; et nous serions étonnés de voir quelle énorme influence exerce nécessairement en bien ou en mal, sur la destinée des nations, la présence ou l'absence d'une idée élémentaire, d'un procédé primitif, d'un animal domestique, d'une substance enfin, métallique ou autre... Mais ces considérations, si nous les

(1) « Ils creusent, dit Tacite en parlant des Germains, des cavernes souterraines, et les recouvrent d'une grande quantité de fumier pour pouvoir s'y réfugier pendant l'hiver et y conserver leurs récoltes: c'est dans ces lieux qu'ils échappent à la rigueur du froid. (*Germania,* xvi.)

poussions plus loin, seraient hors de propos ici, et c'est nous être déjà beaucoup permis que de les avoir effleurées.

Revenons donc à notre sujet, et disons en quelques lignes le peu que nous savons sur l'origine du verre, sur la naissance et les développements de l'importante industrie dont il est devenu la base.

Les premiers peuples qui surent fabriquer et employer le verre furent les Phéniciens et les Égyptiens ; mais on ne saurait dire au juste auquel des deux appartient la priorité, ni à quelle époque ou dans quelles circonstances eut lieu cette précieuse découverte. Selon Pline l'Ancien, des marchands tyriens étant en voyage construisirent, pour faire cuire leurs aliments, un fourneau grossier avec du sable et des morceaux de natron (carbonate de soude), matière très-commune dans ce pays. Leur feu étant allumé, ils remarquèrent avec surprise que le mélange de sable et de soude se liquéfiait, et qu'ensuite en se refroidissant il restait dur et transparent. Cette légende est peu vraisemblable, les éléments du verre exigeant pour entrer en fusion et pour se combiner une température très-élevée que ne pouvait guère produire le fourneau improvisé des voyageurs dont parle l'auteur latin. D'autres écrivains ont prétendu que l'invention du verre n'est due qu'à la nature, et que les premiers échantillons en furent trouvés parmi les substances vomies par des volcans. Quoi qu'il en soit du produit embryonnaire, naturel ou artificiel, qui dut servir de premier type pour la fabrication du verre translucide, malléable et ductile à chaud, applicable en un mot aux divers usages que nous connaissons, il fallut sans doute beaucoup de temps et de longues séries d'expériences pour arriver à des résultats satisfaisants, et pour que cette fabrication pût devenir un art sérieux et utile.

Au dire de Pline et de Strabon, les verreries de Sidon en Phénicie, de Memphis et d'Alexandrie, étaient célèbres ; mais il s'en fallait beaucoup qu'au temps de ces auteurs l'usage du verre fût général. Athènes et les autres villes grecques, au temps de leur plus grande splendeur, ne le connaissaient pas. A Rome sous la république et sous les premiers

Césars, on en vit à peine quelques échantillons, dont les premiers y furent apportés environ 300 ans avant Jésus-Christ. Les plus riches personnages pouvaient seuls se permettre de garnir de vitres les fenêtres d'une partie de leurs palais ; encore ces vitres étaient-elles souvent faites non pas avec du verre proprement dit, mais avec une pierre transparente coupée en lames de peu d'épaisseur. Vers le milieu du 1er siècle après Jésus-Christ, cette industrie semble prendre un essor et une extension assez considérables. A cette époque, on savait, en Phénicie et en Égypte, tailler, graver et dorer le verre, et même le colorer de façon à imiter certaines pierres précieuses. A Rome aussi on commença alors à le couler et à le façonner ; mais les objets en verre fin et bien travaillés étaient encore fort chers, puisque l'empereur Néron paya 6,000 sesterces (1,055 fr.) deux coupes en cristal de grandeur moyenne. On a retrouvé dans les villes d'Herculanum et de Pompéi englouties, on le sait, par une éruption du Vésuve sous le règne de Titus, des vitres en verre coulé et soufflé, ce qui indique évidemment une industrie fort avancée. Mais ce ne fut guère qu'au xiie siècle que l'art de la verrerie fut réellement bien établi en Europe, où les procédés conservés en Asie par les Phéniciens et les Arabes furent apportés à la suite des croisades par des Vénitiens; et Venise, où furent fabriquées les premières glaces coulées, a conservé long-temps en ce genre, sur tout le reste de l'Europe, une incontestable supériorité.

Les premières verreries furent établies en France au xive siècle, au temps de Philippe VI et du roi Jean; mais la fabrication du verre ne prit chez nous une importance véritable que sous le règne de Louis XIV, grâce à l'énergique et intelligente impulsion que lui imprima Colbert. Ce ministre sut, en donnant à cette industrie des encouragements et une direction convenables, la porter à un degré de perfection tel, que la France n'eut plus, sous ce rapport, rien à envier à Venise. Alors fut fondée la manufacture justement célèbre de Saint-Gobin, dont le premier chef, Abraham Thévart, découvrit le procédé du coulage des glaces, tenu secret par les Vénitiens. Les ouvriers assez habiles pour le seconder con-

CHAPITRE IX.

BAIONNETTE.

Il nous serait facile d'écrire un chapitre détaillé sur le rôle que la baïonnette a joué dans les brillants combats et les épisodes meurtriers de ces derniers temps. Notre but est plus modeste : donner au lecteur quelques dates qui lui fassent connaître l'origine et les transformations qu'a subies de nos jours cette pièce importante des armes rayées, tel est notre but.

Dès 1575, on donnait le nom de baïonnette aux poignards de cette époque.

En 1640 ou 1641, on fabrique des baïonnettes à Bayonne, la lame de ces premières est à deux tranchants ayant un pied de long sur un pouce de large. Voici une petite anecdote relative à l'invention de cette arme, elle est puisée dans l'ouvrage de M. Becherelle ainsi intitulé : *Esquisses et croquis militaires*, 1852.

« Il existe dans les Pyrénées un point nommé la *Baïonnette*, c'est là, suivant une tradition locale, qu'à été inventée l'arme de guerre de ce nom, et voici dans quelle circonstance : des la *silice* ou *acide silicique* avec deux ou plusieurs bases dont l'une est nécessairement la potasse ou la soude, et les autres peuvent être la chaux, la magnésie, la baryte, l'alumine, l'oxyde de fer, l'oxyde de plomb; c'est, en terme de chimie, un silicate de potasse ou de soude et de chaux, — de magnésie, — de plomb, — de fer, etc. On donne particulièrement le nom de *cristal* au verre formé de silice, de potasse et d'oxyde de plomb. Le verre est toujours dur, diaphane, cassant, sonore, élastique, assez mauvais conducteur du calorique, très-mauvais conducteur de l'électricité, fusible à une haute température, peu ou point attaquable par l'eau, l'alcool, les solutions alcalines et la plupart des acides. Ces propriétés, en général, varient peu dans les différentes espèces de verre; toutefois la nature et la proportion des bases qu'il contient influent sensiblement sur sa fusibilité, qui, par exemple, augmente lorsque la potasse, la soude, l'oxyde de plomb sont unis à la silice, et diminue au contraire lorsque le verre est à base d'alu-

propriété de former des sels en se combinant avec les bases. Ce n'est pas ici le lieu d'en parler.

mine ou de chaux. Les verres à base de soude sont aussi plus fusibles que ceux à base de potasse.

Les verres à plusieurs bases sont susceptibles d'éprouver, dans certaines circonstances, un changement assez remarquable dans leur état moléculaire. Ce changement, qu'on appelle *dévitrification* a lieu lorsque le verre, après avoir été fondu, est soumis à un refroidissement très-lent, ou lorsque, au lieu de le faire fondre tout à fait, on le chauffe seulement assez pour le ramollir, qu'on le maintient longtemps à cette température, et qu'ensuite on le laisse se refroidir graduellement. Le verre a alors perdu sa transparence, et acquis une contexture fibreuse; il est devenu plus dur, moins fusible, meilleur conducteur de la chaleur et de l'électricité. Ce phénomène, observé pour la première fois par Réaumur, a été depuis étudié et expliqué par MM. d'Arcet, Dumas et Dartigues : il est dû à une cristallisation partielle de la masse. Réaumur trouva que le verre dévitrifié présente une grande analogie d'aspect et de propriétés avec la porcelaine, — d'où le nom de

porcelaine de Réaumur, par lequel on le dé-
signe quelquefois. Les verres les plus propres
à être dévitrifiés sont ceux qui sont riches en
alumine; viennent ensuite ceux qui contiennent une forte proportion de chaux. Les verres
à base de potasse et de plomb se dévitrifient
avec difficulté.

Le degré de fusion auquel on fait arriver le
verre et la manière dont on le refroidit sont
de nature, comme on le voit déjà, à modi-
fier singulièrement ses propriétés. La dévitrification n'est pas la seule preuve que nous
ayons à en fournir. On peut encore, après avoir
fondu le verre, lui donner, en le refroidissant
brusquement, une sorte de *trempe* comparable
à celle de l'acier, et qui le rend extrêmement
cassant. Ainsi, en coulant le verre pour ainsi
dire goutte à goutte dans de l'eau froide, on
obtient de petites masses piriformes connues
sous le nom de *larmes bataviques,* qui, lorsqu'on en casse la pointe, éclatent de toutes
parts avec une petite détonation, et se rédui-
sent en poussière. Voici l'explication que
M. Payen donne de ce phénomène:

« On suppose, dit-il, que, par l'immersion dans l'eau froide, la superficie du verre s'est subitement solidifiée, les parties centrales étant encore rouges, et, par conséquent, très-dila- tées. Quand ensuite ces dernières parties re- froidies se sont solidifiées, elles ont dû, par les points d'adhérence avec la surface, occuper un volume plus grand que celui qui convient à la température à laquelle elles se trouvent; les molécules centrales, plus écartées qu'à l'ordinaire, exercent donc sur l'enveloppe une très-forte traction. Dès qu'une portion de l'en- veloppe se trouve rompue, les particules qu'elle retenait, vivement contractées, se brisent à l'instant, ébranlent toutes les autres et déter- minent simultanément une foule de points de rupture : tous les fragments précipités avec force chassent l'air devant eux; les dilatations et les contractions que ce fluide éprouve pro- duisent alors la détonation (1). »

On peut faire sous une autre forme l'ex- périence du même effet, à l'aide de la *fiole philosophique*. Lorsque l'ouvrier verrier veut juger de l'état de la matière vitreuse en fusion dans le creuset, il y plonge l'extrémité de sa

(1) *Chimie industrielle.*

canne, et une certaine quantité de verre fondu y reste adhérente. Cette partie de verre légèrement soufflée et refroidie brusquement prend la forme d'une boule ovale, creuse, à parois épaisses : c'est ce qu'on appelle la *fiole philosophique :* le moindre choc produit à l'intérieur, une bille, par exemple, qu'on y laisse tomber, la fait éclater avec bruit en une infinité de petits fragments qui sont projetés à une grande distance. On peut juger par là combien il est important de refroidir avec précaution et lenteur les ustensiles en verre, surtout lorsqu'ils ont une certaine épaisseur ; c'est presque toujours lorsque cette opération a été mal dirigée qu'on voit les verres de lampe, les vases, etc., se briser sous un léger choc ou par un changement de température, et quelquefois même *au repos*, c'est-à-dire par une cause que nous ne pouvons reconnaître. Aussi a-t-on maintenant recours, dans toutes les verreries, à une opération spéciale destinée précisément à prévenir ces accidents, et qu'on nomme le *recuit* du verre. Nous en dirons tout à l'heure quelques mots.

Le verre non *recuit* est facilement coupé

par un changement brusque de température
produit sur un point quelconque de sa surface ; aussi est-ce toujours avant de le recuire
que les ouvriers le divisent selon les besoins
de la façon. Le verre recuit ne peut être coupé
qu'à la condition qu'on emploie, pour déterminer la ligne de séparation, outre le changement de température, un trait fait avec la
lime triangulaire ; sans cela la fente se pro-
duirait d'une façon irrégulière. Nous ne parlons pas, bien entendu, du cas où l'on se
sert du diamant, qui joue le rôle d'un véritable
instrument tranchant.

Le verre, en passant de l'état de fusion à
l'état solide, conserve pendant longtemps une
consistance semi-liquide ou pâteuse qu'on met
à profit pour lui donner par le moulage les
formes que l'on veut. On peut même le tirer
en fils assez fins et assez flexibles pour être
tissés et former des *étoffes de verre*. Le verre,
avons-nous dit tout à l'heure, est peu ou
point altérable par les agents ordinaires. Il
ne faut pourtant pas conclure de là que cette
substance puisse, dans tous les cas, braver
tous les éléments. Ainsi, il existe une variété

de verre qu'on appelle *verre soluble,* et dont l'existence, inconnue encore à une époque très-rapprochée de nous, a laissé pendant long-temps inexpliqués beaucoup d'accidents par lesquels on voyait s'altérer du verre et du cristal réputés d'excellente qualité. On apporta en France, en 1780, deux recettes pour fabriquer le verre de Bohême, et on les mit en pratique, l'une en Champagne, l'autre dans les Vosges .D'après la première, on fit fondre ensemble parties égales de silice et de potasse. D'après la seconde, on ajouta à ces deux premières substances de la chaux en quantité égale, — soit pour le total un tiers de chaque matière. Le verre fabriqué dans les Vosges, c'est-à-dire celui qui contenait de la chaux, se trouva réaliser toutes les conditions désirables de brillant, de solidité et de limpidité; l'autre au contraire s'altéra promptement à l'air, dont il attirait l'humidité au point que, dans les vases qu'on en avait faits, il se formait spontanément une dissolution de carbonate de potasse. On reconnut bientôt que cet effet était dû à la composition du verre, et l'on sait aujourd'hui que les silicates simples de potasse et de soude, sans addition d'une base terreuse ou métallique, sont non-seulement hygroscopiques à froid et altérables soit par l'eau, soit par l'air humide, mais encore entièrement solubles dans l'eau bouillante. On a songé à faire de ce verre particulier une application utile et, on peut le dire, philanthropique, en l'étendant à l'état de dissolution sur des étoffes qu'on a rendues ainsi incombustibles. L'inventeur de ce procédé, Fuchs, employait les proportions suivantes :

Silice,	69 parties.
Potasse,	31 —

L'invention dont nous parlons n'a pas eu, que nous sachions, dans la pratique un succès très-étendu. Les chimistes qui ont étudié la composition et les propriétés des différents verres, ont en outre reconnu que les oxydes de fer, de cuivre, de manganèse et surtout de plomb, les rendent attaquables, les uns par les bases, les autres par les acides énergiques ou même par l'alcool, etc. Selon M. Pelouze, les verres les mieux fabriqués s'altèrent à la longue par l'humidité et par les acides. L'acide fluorhydrique attaque énergiquement tous les verres; aussi s'en sert-on pour graver sur verre, comme de l'acide nitrique ou eau-forte pour graver sur acier ou sur cuivre.

PROCÉDÉS GÉNÉRAUX EN USAGE POUR LA FABRICATION DU VERRE.— La fabrication du verre, fort simple en elle-même, consiste uniquement dans le mélange et la fusion des matières vitrifiables. Nous nous abstiendrons donc de donner des appareils établis dans les verreries une description détaillée. Ces sortes de descriptions, en effet, lorsqu'elles ne sont pas absolument nécessaires pour l'intelligence des procédés, ne font en général que fatiguer l'esprit et embrouiller les idées du lecteur, sans lui rien présenter qui soit de nature à l'instruire. En ce qui concerne l'industrie qui nous occupe en ce moment, une pareille digression serait parfaitement inutile, la simplicité des appareils répondant, comme cela est nécessaire, à celle des opérations; — et il nous suffira de quelques mots pour rendre, à cet égard, nos jeunes lecteurs tout aussi savants qu'ils peuvent avoir besoin de l'être pour le moment.

Le mélange et la fusion des matières s'opèrent dans des *pots* ou *creusets* en terre très-réfractaire, rangés ordinairement en deux séries de quatre chacune, autour d'un fourneau chauffé soit au bois, soit à la houille, et dont on peut régler à volonté le tirage. Dans les parois du fourneau sont pratiquées des ouvertures appelées *ouvreaux* qui correspondent à chacun des creusets, et par lesquelles les ouvriers puisent ou coulent le verre fondu dans ces vases. Le verre façonné est *recuit* dans des fours disposés à cet effet, et dont la construction varie selon la nature du verre et la forme des objets qui doivent être lentement refroidis.

Les matières qui forment la base de la composition du verre sont ordinairement la silice, sous forme de sable, le carbonate ou le sulfate de soude, le carbonate ou le sulfate de potasse, le carbonate de chaux, le minium, et quelquefois, comme on l'a récemment proposé, le sulfate de baryte (*spath pesant*). Cette dernière substance est employée actuellement avec succès dans deux verreries des environs de Valenciennes, où l'on a reconnu qu'elle donne un verre plus homogène, plus fusible et plus facile à travailler; elle a en outre, à ce qu'il parait, plus de *fondant* que les sels de potasse ou de soude, c'est-à-dire qu'elle entraîne mieux la fusion du sable, en même temps qu'elle s'y combine plus complétement. Lorsque au lieu de carbonate de soude ou de potasse on emploie le sulfate, ce dernier sel ne pouvant être décomposé par la silice qu'à une température qui ferait fondre le creuset lui-même, on y ajoute, pour faciliter la réaction, du charbon en poudre qui s'empare d'une partie de l'oxygène de l'acide sulfurique, et favorise la formation du silicate de baryte. La proportion reconnue la plus convenable est de 1 partie de charbon pour 13 parties de sulfate de soude. Quant aux autres oxydes, suivant que les uns ou les autres entrent dans le mélange des matières, le verre acquiert, comme nous l'avons dit plus haut, des propriétés et un aspect différents. Sa composition influe aussi sur sa pesanteur spécifique. Les verres à base de plomb sont les plus lourds; les verres alcalins calcaires sont les plus légers; le verre à bouteilles tient le milieu entre les premiers et les seconds.

Certaines précautions sont indispensables, lorsqu'on opère la fusion des substances vitrifiables, pour rendre le mélange intime et la masse bien homogène. Ainsi, lorsque parmi ces substances se trouvent les carbonates de soude et de chaux, il se dégage, par suite de la réaction de l'acide silicique sur ces sels qu'il décompose pour s'emparer de leur base, de l'acide carbonique. Ce gaz formerait, dans la masse vitreuse, des *bulles*, c'est-à-dire de petites cavités sphéroïdes, si l'on n'avait soin de maintenir pendant longtemps la matière liquéfiée à une haute température, pour chasser la totalité de l'acide carbonique interposé. Outre les bulles, il peut encore se produire dans le verre d'autres défauts que les verriers désignent sous les noms de *nœuds blancs*, de *filandres*, de *stries*, de *cordes*, de *gale*, de *sel* ou *fiel de verre*.

Les *nœuds blancs* sont des boules opaques disséminées dans la masse; ils sont dus à la présence des chlorures ou des sulfates qui fondent en partie sans se mêler au verre, ou à celle de pelotes de sable non fondu. Pour les faire disparaître, on surchauffe le liquide : les *nœuds* remontent alors à la surface, et on les enlève avec une pelle. Les *filandres*, les *stries*, les *cordes* proviennent d'un défaut d'homogénéité dans la masse. On en prévient aisément la formation par le mélange bien intime des matières et par le chauffage graduel des fourneaux. Le verre devient *galeux* lorsque avant de le façonner on le chauffe et on le laisse refroidir à plusieurs reprises, ce qui produit sa dévitrification partielle et le rend par places dur, opaque, grenu et peu fusible. Cet accident a surtout lieu dans le verre à bouteilles ainsi que dans le verre vert ordinaire. Aussi ces verres ne peuvent-ils être façonnés à la lampe d'émailleur que par un ouvrier assez habile pour exécuter son travail avec la plus grande célérité, et n'être jamais obligé de reprendre à deux fois la même pièce. Le *fiel de verre* prend naissance à peu près dans les mêmes circonstances que les *nœuds blancs*, c'est-à-dire par la *fusion froide* (incomplète) de certaines substances telles que les sulfates, mélangées d'une manière inégale avec les sels alcalins qu'on emploie. Il se présente sous forme de nuages blanchâtres.

Variétés commerciales du verre. — On distingue dans le commerce seize variétés de verre, dont chacune a une composition, des propriétés et des applications particulières. Ce sont, à savoir :

1° Le verre à vitres ;
2° Le verre à gobeletterie ;
3° Le verre à pivette ;
4° Le verre à bouteilles ;
5° Le verre à glaces ;
6° Le verre de Bohême ;
7° Le cristal ;
8° Le crown-glass ;
9° Le flint-glass ;
10° Le verre de Venise ou verre filigrané ;
11° Le millefiori ;
12° Les verres colorés ;
13° L'émail ;
14° Le strass ;
15° L'aventurine ;
16° L'hyalithe.

Nous allons indiquer succinctement la composition, la préparation et la façon de chacune de ces variétés, en nous arrêtant davantage sur celles qni nous paraissent le mériter par leur importance.

III

Procédés de fabrication particuliers aux différentes espèces de verre.

I. VERRE A VITRES. — On en distingue deux sortes, savoir : le verre à vitres *blanc* ou en *tables;* et le verre à vitres *demi-blanc.* Ce dernier ne peut servir qu'à fabriquer des objets d'une faible épaisseur ; le premier, au contraire, peut toujours être employé. On en fait des carreaux de vitres pour les appartements, des cylindres et des globes à couvrir les pendules et les vases, des glaces de voitures, des verres à couvrir les estampes, des plateaux de machines électriques, etc. Tous deux se fabriquent simultanément, les résidus du premier pouvant entrer dans la composition du second. Il faut, pour obtenir du verre à vitres blanc, n'y point faire entrer de substances qui contiennent de l'oxyde de fer, et choisir du sable bien blanc, de la soude, de la potasse, de la chaux aussi pures que possible.

Composition et préparation du verre à vitres.

Voici les recettes qui sont le plus en usage et donnent les meilleurs résultats.

Recette ordinaire.

Sable,		100	parties.
Craie,	de 35 à	40	—
Carbonate de soude sec,	28 à	35	—
Groisil (verre cassé),	60 à	180	—
Plus quelquefois { Bioxyde de manganèse,		0,25	—
Acide arsénieux,		0,20	—

Autre, indiquée par Bastenaire.

Sable,	100	parties.
Potasse bonne qualité,	65	—
Chaux éteinte à l'air,	6	—
Calcin (fragments de verre blanc),	50	—
Acide arsénieux,	1	—
Oxyde de manganèse,	0,3	—

Autre, du même que la précédente.

Sable,	100	parties.
Soude (carbonate),	80	—
Carbonate de chaux,	8	—
Groisil,	110	—
Oxyde de cobalt,	0,1	—
Oxyde de manganèse,	0,2	—

Nota. On ajoute quelquefois à ces deux dernières compositions du sel marin pour faciliter le mélange et la fusion. Le carbonate de soude

peut être remplacé avec avantage économique par du sulfate de soude
mêlé avec de la poudre de charbon, d'où la recette suivante :

Sable,	100 p.	
Sulfate de soude sec,	44 —	Proportions qui,
Charbon en poudre,	4 —	du reste, peuvent
Chaux,	6 —	varier encore.
Débris de verre,	20 —	

Autre , en usage à Rive-de-Gier.

Sable de Vezeaux,	50	kilogr.
Quartz ou cailloux *étonnés* (c'est à-dire chauffés au rouge, puis jetés brusquement dans l'eau froide),	50	—
Sulfate de soude,	40	—
Carbonate de chaux en poudre,	30	—
Charbon de bois pulverisé,	3,50 (ou coke, 4,50)	
Manganèse de Romanèche,	1,50	—
Groisil ,	quantité variable.	

La fusion de ce mélange s'opère en 18 heures,
pendant lesquelles on consomme dans chaque
four 75 hectolitres de houille; on en consomme encore 25 hectolitres pendant que dure
le travail, ce qui donne en total 100 hectolitres, lesquels, évalués au prix moyen de 1 fr.
l'hectolitre, entrent en compte pour les 6 centièmes de la valeur du verre à vitres fabriqué.
M. Payen fait observer que l'activité d'un four,
qui va d'abord croissant tant que le four est
neuf, diminue ensuite après quelques mois

de service, par suite de la dégradation des parois, ce qui oblige à augmenter dans le mélange la proportion de fondant.

Façon. — Il existe deux méthodes pour façonner le verre à vitres : l'une, la *méthode ancienne*, universellement pratiquée jadis, ne s'est plus conservée aujourd'hui qu'en Angleterre ; l'autre, la *méthode nouvelle*, est en usage actuellement dans toutes les verreries de France.

Méthode ancienne. — L'ouvrier *cueille* avec sa *canne* (1), après l'avoir chauffée à l'extrémité et l'avoir un instant plongée dans la masse fondue, une certaine quantité de verre qu'il fait tourner sans interruption en roulant sa canne entre ses deux mains, jusqu'à ce que la matière fondue commence à se figer. Il la replonge alors dans le creuset : une nouvelle quantité s'attache à la première ; il la fait tourner également, et continue ainsi jusqu'à ce que la masse soit suffisamment volumineuse. Il la présente alors au feu pour

(1) C'est un tube creux en fer épais, de 2 millimètres de diamètre intérieur, enveloppé, un peu au-dessous de l'embouchure, d'un manchon en bois, par lequel l'ouvrier peut le tenir et le manier sans se brûler.

la ramollir, et la souffle de manière à en former une grosse boule creuse, qui, ramollie de nouveau et soumise au même mouvement de rotation qu'au commencement, s'aplatit aisément au pôle opposé à celui par lequel elle tient à la canne. On fixe une autre canne au centre de la partie aplatie, et l'on détache la première en coupant le col de la boule ou plutôt de la bouteille, car telle est à peu près à ce moment la forme de l'objet en verre. L'ouverture qui y est ainsi formée est élargie par un second ouvrier à l'aide d'une planche qu'il y introduit et qu'il appuie sur les parois, tandis que son camarade tourne la pièce avec la canne qui y a été nouvellement adaptée. La pièce prend alors la forme d'une cloche conique très-évasée. On la ramollit encore une fois au feu, après quoi on la tourne rapidement, en donnant à la canne qui lui sert d'axe une position horizontale. Par cette rotation, la force centrifuge oblige le cône à s'élargir et à s'aplatir de façon à former enfin un large disque d'une épaisseur sensiblement égale jusqu'à une certaine distance du centre, où il va grossissant. Ce disque est porté sur

une aire plane recouverte d'une couche de
cendres chaudes et placée près de l'orifice du
four à recuire. On détache la canne par un
coup sec; on saisit la pièce de verre avec
une fourche, et on l'introduit dans le four, où
on la place verticalement.

Les vitres faites de cette manière ont un
vif éclat, mais elles offrent au centre une
sorte de loupe ou protubérance appelée par
les verriers *pontis,* qui est d'un effet désagréable. On peut, à la vérité, les découper
et n'employer que la partie éloignée du centre,
mais on ne peut alors obtenir que des carreaux d'une dimension souvent insuffisante.

Méthode moderne ou *française.* — Lorsque
le verre est affiné et écrémé, le souffleur y
plonge sa canne à plusieurs reprises, comme
dans la méthode précédente; mais au lieu d'im-
primer à la masse *cueillie,* en la soufflant, un
mouvement de rotation, il la fait osciller
comme un battant de cloche, ou comme un
pendule, en ayant soin de souffler avec plus
de force au moment où cette sorte de balan-
cier se trouve dans la direction verticale. Grâce
à ce mouvement particulier, la boule de verre,

au lieu de se gonfler uniformément, s'allonge en forme de cylindre par l'action combinée de la pesanteur et du soufflage. Lorsque ce cylindre est assez allongé et que ses parois sont suffisamment minces, le souffleur, aidé d'un autre ouvrier, en introduit l'extrémité dans un ouvreau, en tenant l'orifice supérieur de sa canne bouché avec son doigt. L'air enfermé dans ce ballon se dilate par la chaleur, en même temps que la partie chauffée s'amollit au feu. Il en résulte en peu de temps la rupture du cylindre à sa base : on le retire alors en le tournant avec vivacité pour agrandir l'ouverture, qui finit par avoir le même diamètre que le cylindre lui-même. On procède alors à l'*étendage* de la pièce. Pour cela, on la pose sur un tréteau à deux appuis; on la sépare de la canne en posant, avec un outil en fer, une goutte d'eau sur la partie voisine de la canne, et en donnant, avec le même outil, un coup sec sur le milieu de celle-ci. Le cylindre est alors ouvert par en haut et par en bas. On le fend dans le sens de sa hauteur en y traçant une ligne humide sur laquelle on passe un fer rouge, et on le porte aussitôt dans le four à étendre. Là, à mesure qu'il s'échauffe et se ramollit, il s'ouvre, se déploie et s'étale sur la sole du four. On achève de l'aplatir avec un rabot en bois emmanché, qu'on fait glisser rapidement dessus. La première feuille de verre étendue est appelée *lagre*, et elle sert elle-même de plaque pour étendre les autres cylindres. On la saupoudre d'un peu de verre d'antimoine ou de plâtre pour empêcher l'adhérence. Le lagre a besoin d'être remplacé toutes les 24 heures; au bout de ce temps, en effet, il s'est dévitrifié, il est devenu dur et rugueux, et rayerait les vitres qu'on ferait glisser sur sa surface.

Le côté le plus long de la vitre est toujours dans le sens de l'axe du cylindre qui sert à la produire ; le contraire a lieu pour le *verre en tables* à base de potasse, ou verre de Bohême, qui, du reste, s'obtient par le même procédé.

Pour façonner les vitres cannelées qu'on met à certaines fenêtres afin d'empêcher que les curieux du dehors ne puissent voir ce qui se passe au dedans, on souffle le verre dans un moule qui imprime des cannelures à la surface du cylindre. Ces cannelures ne sont point effacées par l'étendage.

Les globes de pendule cylindriques se fabriquent comme les manchons destinés à être étendus en vitres ; mais au lieu d'en ouvrir l'extrémité, on fait en sorte de lui donner une convexité régulière, et l'on coupe la pièce à un point plus ou moins éloigné de cette convexité, suivant que le globe doit être plus ou moins haut. Lorsqu'on veut lui donner une forme elliptique ou aplatie, on le descend entre deux planches dont les bords sont taillés en biseau et présentent une ouverture graduellement rétrécie. On l'a d'abord chauffé à l'ouvreau pour l'amollir et pouvoir, sans le briser, le forcer à entrer dans cette sorte d'étau.

II. Verre a gobeletterie. — Ce verre peut être à base de soude ; mais on préfère celui à base de potasse, qui est plus blanc et plus limpide. Souvent sa composition est identique à celle du verre à vitres blanc, et pour façonner des ustensiles de chimie, par exemple (fioles, cornues, matras, tubes, verres à expériences, éprouvettes, etc.), on emploie volontiers des débris de carreaux cassés et refondus. C'est avec cette variété qu'on fait tous les ustensiles communs dont on se sert dans les ménages : verres, flacons, salières, carafes, etc., etc., dont nous n'entreprendrons pas de décrire la fabrication.

Ce même verre, lorsqu'il est ramolli, peut être aisément filé sur une roue qui fait l'office de dévidoir. Lorsqu'on file un tube par ce moyen, à quelque ténuité qu'on le réduise, le trou se conserve au milieu parfaitement égal. « Un morceau de tube de thermomètre, dit M. Payen, étiré en fils par une roue ayant un mètre de circonférence, et mue avec une vitesse de 500 tours par minute, s'est allongé jusqu'à 30,000 mètres de fil ; le fil obtenu ainsi était d'une finesse extrême et offrait un diamètre intérieur à peine calculable. Il était creux cependant, car placé sous le récipient d'une machine pneumatique, un bout en dedans, l'autre en dehors, un fragment de 5 centimètres laissa passer le mercure en petits filets brillants, lorsqu'on fit le vide. Le fil provenant d'un petit parallélipipède de verre à vitres, coupé avec un diamant, présente un grand éclat; vu au microscope, il offre une forme aplatie et quatre angles droits distincts. C'est sans doute à cette forme particulière qu'il doit son éclat remarquable. » Les étoffes tissées avec du fil de verre ont un éclat métallique qui imite l'argent lorsque le verre est blanc, et l'or quand le verre a reçu une teinte jaune. Ces étoffes sont d'un grand usage pour les ornements et pour les costumes de théâtre.

III. VERRE A PIVETTE. — Ce verre est employé aux mêmes usages que le précédent, mais on en fabrique des objets plus grossiers et de moindre valeur, à cause de la teinte verdâtre qu'il possède. Néanmoins, comme il est aussi beaucoup moins fusible, on le préfère pour les ustensiles de chimie qui doivent être fortement chauffés. Au lieu de sable blanc, on fait entrer dans sa composition du sable ferrugineux. Sa composition est, du reste, variable, et se rapproche de celle du suivant.

IV. VERRE A BOUTEILLES. — *Composition et préparation*. La composition du verre à bouteilles varie suivant les pays où il se fabrique; mais on s'attache partout à le rendre dur et résistant, à cause de la pression intérieure qu'il a souvent à supporter, en France surtout, où la production des boissons fermentées et gazeuzes a pris une si grande extension. Il est toujours coloré, soit en vert, soit en jaune brun. La première coloration est due à la présence de l'oxyde de fer ; la seconde à celle d'un mélange d'oxyde de fer et de peroxyde de manganèse. Cette dernière se rencontre surtout dans les bouteilles sortant des verreries des bords du Rhin, dans lesquelles on se sert du sable de ce fleuve. On fait entrer ordinairement dans la composition du verre à bouteilles une forte proportion de calcin (fragments de verre à vitres); mais il paraîtrait, d'après de récents essais, que cette addition rend le verre *sec* et cassant; aussi commence-t-on déjà, dans les bonnes verreries, à n'employer que des matières premières neuves. La préparation du verre à bouteilles exige peu de substances alcalines (soude et potasse). Ces substances sont, le plus souvent, des résidus provenant de la lixiviation des soudes brutes du commerce, ou bien des cendres lessivées (*charrées*) ou non lessivées. La matière

5*

siliceuse est du sable ferrugineux séché et tamisé, auquel on ajoute de l'argile jaunâtre, calcaire, peu liante, friable lorsqu'elle est sèche. Voici du reste quelques-unes des compositions les plus employées dans les verreries à bouteilles de notre pays.

1° Composition ordinaire.

Sable jaune,	100	parties.
Soude de varech,	30 à 40	—
Charrées,	160 à 170	—
Cendres neuves,	30 à 40	—
Argile jaune,	80 à 100	—
Groisil ou calcin,	100 à 145	—

2° Composition employée dans une bonne verrerie à bou teilles, près de Lyon.

Sable du Rhône,	100	kilogr.
Sulfate de soude,	8	—
Carbonate de chaux,	10	—
Charbon en poudre,	6	—
Plus quelquefois, peroxyde de manganèse,	1,5	—

3° Composition inférieure, plus fusible et donnant lieu à la production du fiel de verre.

Sable jaune,	100	parties.
Soude brute de varech,	200	—
Cendres neuves,	50	—
Groisil (fragments de bouteilles),	100	—

Le fourneau où s'opère la fusion du verre à bouteilles contient ordinairement six creusets de 95 centimètres de diamètre, autant de profondeur et 10 à 12 centimètres d'épaisseur dans le fond. On les remplit presque jusqu'au bord, et l'on y ajoute de nouvelles quantités du mélange à mesure que celui qui est dans le vase entre en fusion et s'affaisse. Après sept ou huit heures, on ralentit le feu en remplissant le foyer d'escarbilles, en interceptant les courants d'air et en évitant de déranger le combustible, afin de ne pas ranimer la combustion. Les verriers appellent cela *faire la braise*. La matière se refroidit ainsi peu à peu et s'épaissit de manière à pouvoir être travaillée.

Façon des bouteilles. — Un ouvrier cueille avec la canne dans le creuset une quantité convenable de verre, et la passe au souffleur. Celui-ci, en soufflant et en tournant simultanément, donne à la boule de verre une forme ovoïde amincie et allongée du côté qui tient à la canne, puis il l'introduit dans un moule et continue à souffler; il la retire lorsqu'elle en a pris la forme; il repousse le fond en dedans et détache la canne du col pour la fixer dans l'enfoncement qu'il vient de former à la base. C'est en tenant la bouteille de cette manière qu'il arrondit l'orifice du goulot et qu'il l'entoure d'une petite traînée de verre simple pour les bouteilles ordinaires, double pour les *bouteilles de litre*. Quelquefois on dépose sur la panse une petite masse de verre et l'on y applique un cachet. La bouteille est alors terminée; on détache la canne du fond par une secousse brusque, et la pièce passe dans le four à recuire qui est chauffé au rouge sombre, et fermé. Les bouteilles y sont empilées sur plusieurs rangs.

La fonte, la façon et la recuisson de 3,500 bouteilles supposent la consommation d'environ 100 hectolitres de houille. Le cent de bouteilles revient à 9 fr. et se vend 10 fr. sur place.

V. VERRE A GLACES. — *Composition*. Le verre à glaces est formé des mêmes éléments que le verre à vitres, et n'en diffère que par les proportions, qui sont combinées de façon à le rendre plus fusible, plus liquide lorsqu'il est fondu, plus incolore et plus transparent. Voici quelle est la composition en usage dans nos trois grandes manufactures de Saint-Gobin, de Saint-Quirin et de Montluçon :

Sablé très-blanc, 300 parties.
Carbonate de soude sec, 100 —
Chaux éteinte à l'air, 43 —
Calcin ou rognures, 300 —

Fusion et affinage des glaces. — La préparation du verre à glaces est difficile et délicate, à cause des qualités qui lui sont indispensables pour fournir des pièces de belle qualité. Il doit, outre la blancheur et la transparence, offrir une complète homogénéité et être exempt de bulles, de stries et de nœuds. Or ces défauts s'y produisent d'autant plus facilement qu'on est obligé de donner aux glaces une épaisseur relativement considérable ; il en résulte souvent, dans la réflexion des rayons lumineux, des convergences et des divergences qui défigurent les images. Et malheureusement on ne peut s'en apercevoir que lorsque la glace est complétement terminée ; il faut alors ou la vendre à bas prix, ou la couper, ou l'amincir, ce qui, dans tous les cas, cause une perte sensible et maintient toujours les beaux échantillons à un prix très-élevé. C'est en entretenant dans les fourneaux un feu vif et soutenu, en augmentant la fusibilité du verre par une plus forte proportion d'alcali, et en lui faisant subir un affinage prolongé, qu'on parvient le plus souvent à éviter ces fâcheux résultats.

Deux sortes de creusets sont nécessaires pour la préparation du verre à glaces. Dans les uns, appelés *pots*, les matières vitrifiables sont mélangées, fondues et longtemps maintenues à l'état liquide, pour que le mélange puisse commencer de s'*affiner*, c'est-à-dire de prendre de l'homogénéité. Dans les autres, qu'on nomme *cuvettes*, le verre achève de s'affiner et prend la consistance qu'il doit avoir pour être coulé. Les fours sont disposés pour recevoir six pots et douze cuvettes. Celles-ci sont de trois dimensions : petites, moyennes, grandes. Les grandes sont de même capacité que les creusets, et sont employées seulement pour couler les grandes glaces; les petites sont de dimension moitié moindre que les pots. Les cuvettes sont de forme rectangulaire allongée. Une rainure de 3 centimètres de largeur sur 6 de profondeur, et parallèle à la base, règne sur les quatre faces extérieures ; on l'appelle la *ceinture* de la cuvette : elle est pratiquée dans le but de donner prise aux tenailles avec lesquelles on saisit la cuvette pour couler la glace.

Comme la matière vitrifiable diminue beaucoup de volume par la fusion, on est obligé d'en mettre trois fois dans chaque pot, et chaque fois de la laisser fondre, pour arriver à les remplir. Après la seconde addition, on laisse la matière séjourner pendant 16 heures dans les pots. Pendant ce temps et avant de la transvaser dans les cuvettes, où elle doit rester 16 heures encore, on *cure* celles-ci pour en retirer tout le verre qui est resté adhérent à l'intérieur après les coulées précédentes, ainsi que les corps étrangers qui ont pu y tomber par accident. Le *curage* se fait avec une pioche, les cuvettes étant préalablement chauffées au rouge, et les fragments de verre sont jetés dans de l'eau froide, où ils se fendillent par le changement de température, et deviennent propres à entrer dans un nouveau mélange. Les cuvettes nettoyées sont remises au four, et l'on procède alors au transvasement de la matière.

Cette opération, qui est désignée sous le

nom de *trejetage*, est exécutée par deux ouvriers qui se succèdent alternativement. Chacun à son tour puise à trois reprises dans le pot, avec une cuiller en cuivre, la quantité de verre nécessaire pour emplir une cuvette : il doit, à chaque fois, prendre la précaution de refroidir la cuiller, tant pour éviter qu'elle entre elle-même en fusion, que pour empêcher le verre de s'y attacher. Lorsque les cuvettes sont remplies, on ferme le four et on laisse le verre, comme nous venons de le dire, achever de s'affiner pendant 16 heures. Au bout des 13 premières, on cesse d'ajouter du combustible et l'on bouche tous les ouvreaux, — ce que les ouvriers appellent *faire la cérémonie*, ou *arrêter le verre*. Avant de le couler, on le *tire*, c'est-à-dire que, pour s'assurer s'il est dans l'état convenable, on en cueille une petite quantité qu'on laisse filer au bout de la canne, et qui, suivant qu'elle file et s'allonge plus ou moins, indique si la matière est arrivée au point de consistance qu'on désire. On s'assure en même temps, par l'inspection de ces *larmes*, que le verre est homogène et exempt de bulles. Quand les conditions sont reconnues favorables, on retire les cuvettes pour effectuer le coulage.

Coulage des glaces. — On coule les glaces sur des tables en bronze d'une seule pièce ; ces tables doivent avoir au moins un décimètre d'épaisseur, et présenter une surface parfaitement unie. Elles sont posées bien horizontalement sur un châssis en bois soutenu par trois pieds munis de roulettes en fonte, afin qu'on puisse les rouler près des fours à recuire, au moment du coulage. Ces tables sont d'un prix très-élevé. Il en existe une, à la manufacture de Saint-Gobin, qui a coûté 100,000 francs. Elle pèse 26,000 kilogrammes.

Lorsque la table à couler est prête, c'est-à-dire nettoyée, chauffée et placée près de l'embouchure de la *carquaise* (four à recuire), on détermine la grandeur que la glace doit avoir par la position qu'on donne sur la table à deux règles ou tringles en cuivre de 0 m. 027 de large sur 0 m. 008 au moins d'épaisseur. Les tringles, aussi longues que la table est large, glissent sur la surface de celle-ci, et forment avec ses rebords le cadre destiné à contenir la matière. Ou tire la cuvette du four en la saisissant par la *ceinture* avec des pinces, et on la pose sur un chariot qui l'amène près de la table. Là on l'*écrème*, on l'élève à 30 centimètres environ au-dessus de la table, on l'essuie, puis on en verse le contenu. Aussitôt que la cuvette est vidée, on étale la masse de verre coulée avec un cylindre ou rouleau creux ayant une longueur égale à la largeur de la table, un diamètre de 18 à 19 centimètres et un poids de 250 à 300 kilogrammes. Sous la pression de cet instrument, la plaque de verre, encore molle, s'aplatit uniformément dans toute son étendue. Cela fait, on ôte le rouleau et les tringles, on casse les bavures qui se sont formées sur les bords de la glace, puis on l'enlève, et, avant qu'elle soit devenue complétement solide, on l'introduit dans le four à recuisson, dont le sol a été essuyé et sablé de manière à ce qu'elle y puisse glisser aisément. Malgré les précautions qu'on apporte à cette dernière opération, il se forme toujours sur la glace quelques ondulations, par suite de l'effort qu'on exerce sur elle pour la pousser dans la carquaise. Ces inégalités légères disparaissent lorsqu'on la polit.

Recuit des glaces. — Les fourneaux à recuire

les glaces sont très-vastes; ils ont plusieurs
foyers. L'aire ou la sole du four lui-même est
construite en briques mises sur champ; elle
doit offrir une surface parfaitement plane. On
la-recouvre de sable fin, ainsi que nous venons
de le dire. Au moment d'introduire les glaces,
on chauffe le four à la température du rouge
sombre. Une température inférieure ne donnerait qu'un recuit incomplet, et les glaces
pourraient se briser spontanément lorsqu'on
les retirerait; une température plus élevée, au
contraire, ferait éprouver au verre une demi-
fusion; il adhèrerait au sable, la pièce se
déformerait et serait perdue.

Lorsque les glaces sont enfournées dans la
carquaise, on ferme hermétiquement toutes les
issues des fourneaux avec des plaques de tôle,
en remplissant les interstices avec un mortier
de terre jaune et de sable, et l'on abandonne
l'opération à elle-même pendant 20 heures.
Au bout de ce temps on ôte une à une les
plaques de tôle, de manière à ce que le four
se refroidisse très-lentement, et l'on retire
les glaces seulement lorsqu'on peut y appliquer la main sans se brûler.

Doucissage et polissage des glaces.— La glace, sortie du four à recuisson, est fixée horizontalement, avec du plâtre, sur une table en pierre; puis, à l'aide d'une sorte de molette dont la base est une autre glace beaucoup plus petite, adaptée à un moellon de forme pyramidale, on la frotte d'abord avec du gros sable quartzeux et grenu, pour la *dégrossir*. On la *doucit* ensuite avec du sable plus fin, auquel on fait succéder de l'émeril délayé dans beaucoup d'eau; mais alors, au lieu de se servir encore de la molette, on frotte l'une contre l'autre deux grandes glaces ayant déjà subi l'une et l'autre les opérations antérieures. On les polit enfin avec du *colcothar* (oxyde rouge de fer) de plus en plus fin, en ayant recours pour cela à un lourd polissoir garni de feutre épais. — Il va sans dire que tout cela s'exécute sur les deux faces de chaque glace. Celles qui sont destinées à faire des miroirs sont étamées avec un alliage (*amalgame*) d'étain et de mercure, qui porte le nom de *tain*. Pour étamer les glaces, on étend sur une table horizontale une feuille d'étain; on verse sur toutes les parties de cette feuille une assez grande quantité de mercure pour former une couche épaisse. On glisse alors la glace sur la table, de manière à couper la couche en deux, et l'on charge cette glace de poids. Au bout de peu de temps le tain y adhère parfaitement.

VI. VERRE DE BOHÊME. — Ce verre a été confondu avec le cristal à cause de sa limpidité et de sa blancheur ; mais il en diffère beaucoup par sa légèreté. On en fait des vases, des coupes et des flacons pour les beaux services de table, des vitres de prix pour les fenêtres des maisons riches, des glaces pour les carrosses, enfin des lentilles et des verres achromatiques pour les instruments d'optique. Ce verre est si peu fusible, que le verre ordinaire peut y être fondu, non-seulement sans que le premier se liquéfie, mais même sans qu'il se déforme.

Composition. — Le verre de Bohême contient une forte proportion de silice. Dans le pays d'où il tire son nom, la matière siliceuse employée est du *quartz hyalin* provenant ordinairement de cailloux roulés par les torrents. Les recettes désignées par les auteurs comme donnant les meilleurs résultats sont les suivantes :

1° Quartz en poudre,   100 à 120   parties.

     Carbonate de potasse épuré,   60 à 66   —

     Chaux,   20 à 24   —

     Acide arsénieux,   0,5   »   —

     Bioxyde de manganèse,   2   »   —

     Salpêtre,   2   »   —

2° Quartz étonné au feu et pulvérisé, 100   parties.

     Potasse 1re qualité, calcinée,   50 à 60   —

     Chaux calcinée,   15 à 20   —

     Acide arsénieux, $^1/_4$ à $^1/_2$ —

     Salpêtre,   1   »   —

La composition originairement employée en Bohême, et qui donne un verre très-beau et très-durable, est celle-ci : quartz, 100 parties ; potasse épurée, 30 parties ; chaux vive, 15 parties ; MM. Maës et Clémandot (de Clichy) ont adopté cette composition, en y ajoutant toutefois, pour la rendre fusible dans nos fours, quelques centièmes d'acide borique. Ils obtiennent ainsi un verre de la plus belle qualité.

Fabrication. — La fusion et la façon du verre de Bohême diffèrent peu de celles des verres à vitres et à gobeletterie ; seulement, la fonte s'opère toujours dans des pots ouverts, et comme alors, quelque précaution que l'on pût prendre, la fumée du charbon de terre altèrerait toujours plus ou moins sa limpidité et sa blancheur, on

est obligé de chauffer exclusivement les fourneaux avec du bois résineux, qui brûle complétement et sans fumée charbonneuse, pourvu
qu'on lui fournisse de l'air en excès.

VII. Cristal. — Cette dénomination, qu'on
appliquait indifféremment autrefois à tous les
verres incolores, sert aujourd'hui exclusivement à désigner un verre à base d'oxyde de
plomb, très-pesant, très-limpide, dont on fait
des vases d'ornement, des verres de table, des
carafes, des lustres et divers autres objets à
moulures ou à facettes.

Le trésor du chapitre de Saint-Denis possédait depuis sa fondation un miroir poli sur les
deux faces, légèrement coloré en jaune verdâtre, et pesant trente livres. Ce miroir, qu'on
appelait le *miroir de Virgile*, fut analysé en 1787,
et l'on reconnut qu'il contenait la moitié de son
poids d'oxyde de plomb. Or, comme il remon-
tait à une époque très-ancienne (non pourtant
jusqu'à celle du poëte illustre dont il portait le
nom nous ne savons pourquoi), il est certain
que l'art de fabriquer le cristal et d'en confectionner des pièces d'une grande dimension est
loin d'être aussi moderne qu'on le croit généra-

lement ; mais il est probable aussi que le secret de cette fabrication s'était perdu pendant très-longtemps. Quoi qu'il en soit, le cristal constitue un verre de luxe d'une grande valeur, et c'est assurément un des plus beaux produits de l'industrie contemporaine. Mais la cherté des matières premières qui entrent dans sa préparation, et les soins minutieux qu'il faut apporter à toutes les opérations dont il est l'objet, maintiennent toujours les objets en cristal à des prix fort élevés.

Composition et préparation. — La composition du mélange destiné à être converti en cristal varie suivant la construction des fours ; suivant que l'on opère à creusets ouverts et avec du bois, ou à pots fermés et avec de la houille ; suivant enfin qu'on veut augmenter plus ou moins la densité du cristal et son pouvoir réfringent par une forte dose d'oxyde de plomb.

La quantité de sable pur (matière siliceuse) ne variant point et restant, dans tous les mélanges, de 300 kilogrammes par exemple, nous aurons pour les autres matières les dosages suivants :

1. Pour les fours à la houille et à pots couverts :

Minium (*oxyde de plomb*),	180 à 200
Carbonate de potasse purifié,	90 à 100
Groisil,	100 à 300

2. Pour les fours chauffés au bois :

Minium,	200 à 215	
Carbonate de potasse purifié,	110 à 120	
Groisil,	300	»
Borax,	10	»
Salpêtre,	10	»

On ajoute quelquefois à ces compositions :

Oxyde de manganèse,	0,45
Acide arsénieux,	0,60

Ce n'est guère qu'en hiver, lorsque le tirage du fourneau est très-énergique, qu'on peut abaisser à son minimum de 90 parties la dose de carbonate de potasse; mais le plus ordinairement on est obligé de la porter à 100, 110, et souvent même en été, par exemple, à son maximum 120.

« Les substances qui servent à préparer le cristal doivent être d'une grande pureté; il faut que la silice soit autant que possible exempte de fer et de matières organiques; les sables d'Étampes, d'Aumont, de Fontainebleau, sont ceux qu'on emploie de préférence dans les cristalleries; on choisit principalement le sable qui est le plus fin. La finesse du grain est une condition essentielle pour un bon mélange du sable avec les fondants. Pour reconnaître la pureté du sable qu'on doit employer dans la fabrication du cristal, le mieux est de le calciner au contact de l'air à une haute température; pendant cette calcination, le fer contenu dans le sable passe à l'état de peroxyde de fer, et produit une coloration rougeâtre; le sable le plus pur est celui qui se colore le moins; il est, du reste, presque impossible de trouver des sables qui ne contiennent pas des traces de fer (1). »

Le carbonate de potasse demande une purification préalable. Elle consiste à faire dissoudre ce sel dans l'eau, et à le débarrasser par cristallisation des sels étrangers qu'il peut contenir. Ceux-ci, en effet, étant moins solubles, se déposent, tandis que le carbonate alcalin reste en majeure partie dans les eaux-mères, desquelles

______

(1) Pelouze et Frémy, *Cours de Chimie générale.*

on le retire sans peine en les évaporant jusqu'à siccité.

Comme oxyde de plomb, on préfère le minium à la litharge, parce qu'il est plus pur et qu'il ne contient jamais de plomb métallique, lequel décomposerait en partie le carbonate de potasse, et nuirait à l'affinage du verre, en produisant dans la masse un dégagement continuel de bulles d'acide carbonique.

Fabrication. — Après que les matières sont mélangées, on les enfourne dans les pots, et l'on chauffe de manière que la fusion s'opère avec une certaine lenteur. Il faut de 15 à 18 heures pour obtenir une fusion complète, et l'on doit encore, au bout de ce temps, maintenir la masse à l'état liquide pendant 5 à 6 heures, afin que le cristal puisse s'affiner et se débarrasser de tout le gaz qui a pu se produire pendant le travail de fusion et de combinaison des matières. On l'*écrème* alors pour enlever les substances étrangères qui se réunissent à la surface comme une sorte d'écume, et l'ouvrier puise avec sa canne, dans le creuset, une quantité de cristal en rapport avec le volume de l'objet qu'il veut façonner. En soufflant et

en faisant usage de quelques outils fort simples,
il peut donner à la matière les formes les plus
variées. Le cristal en effet, étant plus fusible et
beaucoup moins prompt à se dévitrifier que le
verre ordinaire, se prête à une foule de mani-
pulations dont celui-ci n'est point susceptible.
On en fait aisément des tubes pour les appareils
de chimie, pour les indicateurs du niveau des
liquides, pour les thermomètres, les baromètres
et d'autres ustensiles en usage dans les cabinets
de physique, les laboratoires et les usines.

Le cristal peut aussi être soufflé ou coulé
dans des moules de toutes formes, en bronze, en
fonte, et même en bois. Ces derniers, employés
depuis longtemps en Bohême, se sont introduits
pendant ces dernières années dans plusieurs
cristalleries françaises. Ils ont l'avantage de
laisser au cristal un poli plus pur que ne font
les moules métalliques; mais ils se détériore-
raient et se carboniseraient promptement si
l'on ne prenait soin de les mouiller de temps en
temps, et de tourner vivement la pièce pour
éviter le contact permanent et prolongé du cristal encore rouge avec le bois. On peut, moyennant ces précautions, mouler dans le même

moule jusqu'à deux cents pièces sans qu'il soit déformé sensiblement.

Les reliefs et les incrustations du cristal moulé sont fort nettes, mais leurs arêtes sont *mousses*, c'est-à-dire légèrement arrondies pour qui les examine de près. Ce n'est que par la taille qu'on obtient ces arêtes vives et tranchantes qui plaisent tant à l'œil dans les beaux vases en cristal. La facilité avec laquelle on taille le cristal est due au peu de dureté de ce verre. Pour tailler une pièce, on l'ébauche d'abord avec du sable sur une meule de fer ; on l'adoucit sur une meule en grès qui efface le grain grossier produit par le travail précédent ; on lui donne un premier poli avec de la poudre de pierre-ponce sur une troisième meule, qui est en bois ; on la finit en lui donnant le dernier poli à l'aide d'une meule en liége recouverte d'une poudre métallique très-fine, qu'on appelle *potée d'étain.* Le recuit du cristal s'effectue comme celui du verre à vitres, pour les pièces plates ou en tables ; et pour les pièces moulées ou taillées, il ne diffère pas notablement de celui du verre à gobeletterie.

VIII. CROWN-GLASS. — Ce nom, qui signifie

verre en couronne, a été conservé au verre dont on faisait en Angleterre des vitres circulaires par l'ancien procédé. Sa composition est la même que celle du verre de Bohême. La matière alcaline qui entre dans sa préparation doit être toujours de la potasse : la soude donnerait au verre une certaine coloration qui le rendrait impropre aux usages pour lesquels il est spécialement fabriqué, et d'ailleurs elle aurait encore l'inconvénient de faciliter sa dévitrification. Le crown-glass a le défaut d'être hygrométrique, c'est-à-dire de s'altérer par l'humidité. Quelques fabricants obvient à cet inconvénient en substituant en partie, dans la composition, le borax à la silice. Cette variété de verre est surtout employée à la confection des instruments d'optique : on en fait souvent des lentilles très-épaisses ; il est donc nécessaire qu'il soit parfaitement incolore, limpide et exempt de défauts. Un fabricant, M. Guinand père, a imaginé, pour atteindre ce résultat, un procédé ingénieux qui a encore été perfectionné récemment par MM. Guinand fils et Bontemps. Ce procédé consiste à brasser le crown-glass fondu avec des agitateurs cylindriques ou bâtons en argile pure réfractaire, et cela jusqu'à ce que la masse soit solidifiée. On la scie ensuite et l'on choisit dans l'intérieur les parties les plus limpides et les plus homogènes, qu'on façonne en les taillant et en les polissant sur des meules.

Les blocs de *crown-glass* exigent, vu leur grande épaisseur, une recuisson très-lente et très-prolongée.

IX. FLINT-GLASS. — C'est une variété de cristal qui, comme le crown-glass, se fabriquait originairement en Angleterre, et qui, comme le crown glass aussi, est surtout consacrée à la confection des instruments d'optique les plus délicats.

Composition.— On distingue deux sortes de flint-glass : celui qui, comme le cristal proprement dit, est affecté aux applications ordinaires, et dont la densité spécifique est de 3,7 à 3,2 (celle de l'eau étant représentée par l'unité); et celui qui sert exclusivement à faire des instruments d'optique. Le premier est formé de 300 parties de sable, 200 parties de minium et 100 de potasse. Nous n'avons rien à dire de particulier sur sa préparation et sa fabrication. Les deux dosages les plus avantageux pour le second sont les suivants :

1° Sable pur,	300	
Minium,	300	
Potasse,	150	
Salpêtre,	10	
Acide arsénieux,		0,45
Bioxyde de manganèse,		0,60
2° Sable pur,	300	
Minium,	300	
Carbonate de potasse,	90	
Borax,		5,5
Salpêtre,	4	
Acide arsénieux,	1	
Manganèse,	1	

On voit que dans cette deuxième sorte de flint-glass la proportion de minium est beaucoup plus forte que dans la première. Cette augmentation a pour but d'accroître la densité du verre destiné aux instruments d'optique, densité qui doit être au moins égale à 3,6.

Fabrication.— Nous décrirons avec quelques détails, et telle qu'elle se pratique chez **M. Bontemps**, la préparation du flint-glass des opticiens. Le four dans lequel s'opère la fusion est cylindrique et surmonté d'une voûte sphérique. Une partie est construite de manière à être demaçonnée à volonté, pour qu'on puisse retirer et remettre le creuset à volonté. Ce creuset est couvert et repose, lorsqu'il est dans le four, sur un support en briques. On le chauffe à part, au rouge blanc; on chauffe aussi d'avance le four; on y introduit le creuset, et l'on chauffe de nouveau jusqu'au maximum, qui n'est atteint qu'après 3 heures d'un feu bien nourri. A ce moment on ôte l'un après l'autre les deux obturateurs qui ferment la gueule du creuset, et l'on y met 10 kilogrammes de composition. On chauffe derechef pendant 1 heure, et l'on ajoute 20 kilogrammes du mélange, puis, après 2 heures encore, 40 kilogrammes, et ainsi de suite pendant 8 à 10 heures, jusqu'à épuisement de la quantité que le creuset peut contenir. Celui-ci, une fois plein, demeure fermé pendant 4 heures, au bout desquelles on l'ouvre pour y introduire le cylindre agitateur dont nous venons de parler à l'article *crown-glass*. Ce cylindre, en argile réfractaire, chauffé à part au rouge blanc, est mû à l'aide d'une barre de fer coudée qui repose sur un support vertical. On brasse la masse en fusion pendant 3 minutes, au bout desquelles, la barre de fer étant rouge, on la retire; on referme le creuset, on chauffe pendant 5 heures, et l'on procède à un second brassage, qu'on renouvelle ensuite d'heure en heure. On recouvre le feu d'une couche de houille de 25 centimètres d'épaisseur, qui ne tarde pas à se réduire en coke, et conserve pendant une couple d'heures l'égalité de température propre à favoriser le dégagement des bulles. Les deux heures écoulées, on ranime vigoureusement le feu et l'on relève la température à son maximum, où on la maintient pendant 5 heures. La masse devient ainsi très-fluide; on la brasse alors continuellement, en remplaçant la barre du cylindre par une autre lorsqu'elle est trop échauffée. En même temps la matière se refroidit et s'épaissit graduellement; lorsque le brassage devient trop pénible, on retire le cylindre et la barre, on bouche le creuset, les ouvreaux, les cheminées, toutes les issues enfin, et on laisse le refroidissement se faire avec une extrême lenteur. Ce n'est qu'au bout d'une huitaine de jours qu'on démaçonne le four et qu'on retire le creuset. La masse vitreuse qui y est contenue est divisée à l'aide d'une scie, comme cela se pratique pour le crown-glass, en tranches parallèles. Les parties défectueuses sont éliminées et affectées à des usages divers, tandis que les tranches bien diaphanes et bien homogènes sont mises de côté. Le refroidissement très-lent que le flint-glass éprouve dans le fourneau même où il a été fondu, lui tient lieu de recuisson.

X. Verre dit de venise ou filigrané. — C'est un verre dans l'intérieur duquel on produit, à l'aide de fils d'émail opaques, blancs ou colorés, des dessins variés. Voici en quelques mots comment on arrive à ce résultat :

On étire des fils d'émail de 1 ou 2 millimètres de diamètre et d'une longueur de 10 centimètres environ. On les place parallèlement dans des moules cannelés où l'on introduit du verre chaud et mou, qui les réunit et les *empâte* en leur conservant la position qu'on leur avait donnée d'abord. Cette préparation, ou *paraison*, comme on dit dans les verreries, est enveloppée d'une double couche de cristal, et la masse entière formée de cette façon est étirée à son tour et roulée en spirales; c'est la forme des moules où l'on a mis premièrement les fils d'émail, qui détermine la figure que le verre doit offrir aux yeux. On forme avec les spirales de longues cordes vitreuses de 15 à 20 mètres, qu'on coupe en tronçons de 30 à 35 centimètres. Ces tronçons, réunis en faisceaux et exposés à une température suffisamment élevée, s'agglomèrent. On a alors une masse bigarrée, qu'on souffle et qu'on façonne par les procédés ordinaires.

XI. Millefiori. — Ce verre, très-semblable au précédent, n'en diffère que par la nature du dessin dont il est orné, et qui, au lieu d'être formé par des fils d'émail comme dans le verre de Venise proprement dit, consiste en fleurs et en étoiles. Ces dessins se font aussi en émail blanc ou coloré, dans des moules en bois ou en métal. On les réunit ensemble avec du verre, et on les enchâsse dans du cristal. Les presse-papiers en forme de boules dans l'intérieur desquels on voit des figures, des portraits, des paysages, etc., s'obtiennent à peu près de la même manière. La façon en est délicate, et exige des précautions pour que l'image ne se déforme pas , et que la boule elle-même soit exempte de bulles et d'autres défauts.

XII. VERRES COLORÉS. — Toutes les variétés de verre peuvent recevoir des teintes de toutes sortes, plus ou moins foncées. Il suffit pour les leur donner d'ajouter au mélange, avant ou pendant la fusion, certaines matières minérales qui sont le plus souvent des oxydes métalliques. Ces oxydes, avant d'être employés, doivent être essayés avec une petite quantité de verre ordinaire ou de verre à base de plomb : on s'exposerait sans cela à voir sortir du four des verres autrement colorés qu'on ne les aurait attendus. Ces verres étant d'ailleurs presque toujours destinés à être *doublés*, c'est-à-dire superposés les uns aux autres et recuits ensemble, doivent se dilater et se contracter également sous l'influence des changements de température. Cette condition très-essentielle ne peut être réalisée que par des essais et des tâtonnements.

Voici comment on prépare les principaux verres colorés :

Verre coloré en bleu-saphir. Lorsque la masse vitreuse est fondue, on y ajoute une quantité d'oxyde de cobalt plus ou moins considérable, suivant qu'on veut produire une teinte plus ou moins foncée. Cet oxyde n'a pas besoin d'être très-pur, et il en faut ordinairement très-peu pour donner au verre une couleur assez intense.

Verre coloré en bleu céleste. C'est au bioxyde de cuivre qu'on a recours pour produire cette teinte; mais on ne peut opérer que sur des verres alcalins. Si l'on ajoutait de l'urane, ce métal produisant une couleur jaune, celle-ci, en se mêlant au bleu du bioxyde de cuivre, colorerait le verre en vert-émeraude.

Verre couleur de pourpre. La couleur de pourpre s'obtient à l'aide du protoxyde de cuivre; mais cette préparation n'est pas sans difficulté : il est nécessaire en effet d'éviter avec soin que le verre contienne un corps oxygéné facilement réductible, lequel, cédant son oxygène au protoxyde de cuivre, le ferait passer à l'état de protoxyde, et teindrait le verre en bleu au lieu de le colorer en rouge-pourpre.

Verres colorés en vert. On en prépare plusieurs : nous venons déjà de voir que le vert-émeraude s'obtient par un mélange d'urane et de bioxyde de cuivre. Nous savons en outre que le *vert-bouteille* est engendré par l'oxyde de fer. On produit le *vert d'herbe* à l'aide d'un mélange d'oxyde de cobalt et de verre d'antimoine, ou simplement au moyen du sesqui-oxyde de chrome. On prépare maintenant un *nouveau vert-émeraude* avec un mélange d'oxydes de nickel et d'urane.

Verres colorés en jaune. La teinte *jaune-serin* s'obtient, d'après les indications de M. Péligot, un de nos meilleurs chimistes industriels, en ajoutant aux verres à base de chaux de l'oxyde d'urane : le verre ainsi préparé possède un double reflet. On ne pourrait opérer sur du cristal, à cause de la présence du plomb. La teinte *jaune ambrée* se produit avec du chlorure d'argent. On l'applique surtout aux verres qui doivent être gravés.

Verres violets. Ces verres se préparent toujours avec le bioxyde de manganèse, dont une petite quantité suffit pour produire une coloration très-intense. Pour avoir un beau violet, il faut ajouter à la composition une petite proportion d'azotate de potasse (salpêtre).

Verres colorés en rose. On donne au verre des teintes roses plus ou moins foncées, soit avec une dissolution d'or dans l'*eau régale* (mélange d'acide chlorhydrique et d'acide nitrique), soit avec du *pourpre de cassius* (poudre d'un rouge-pourpre qui se précipite lorsqu'on traite la dissolution susdite ou chlorure d'or par le chlorure d'étain). La fabrication de ce verre est très-difficile et très-délicate. Chaque fabricant a son *tour de main* pour la réussir, et se le réserve comme un secret. Ce n'est qu'en subissant une sorte de recuit que le verre contenant le chlorure d'or prend la belle teinte rose ou pourpre qu'il doit avoir, et qui est due, à ce qu'on croit, aux particules d'or répandues dans la masse. On prépare aussi un verre rose dit *rubis de Bohême*, dont voici la composition :

Quartz étonné au feu et pulvérisé,	100	parties.
Minium (oxyde de plomb),	150	—
Potasse fine,	30	—
Borax fondu,	20	—
Sulfure d'antimoine,	5	—
Peroxyde de manganèse,	5	—
Or détonant (aurate d'ammoniaque),		
broyé avec de l'essence de térébenthine,	5	—

Verres doublés.— On appelle ainsi des pièces où deux verres différents (ordinairement du cristal blanc et un verre coloré) sont ajoutés l'un à l'autre en deux couches distinctes. Ces pièces s'obtiennent avec la plus grande facilité : l'ouvrier cueille avec sa canne du cristal blanc, puis il la plonge dans un creuset contenant du verre coloré. Ce dernier s'attache au premier et le recouvre. On souffle ou l'on moule alors la pièce par les moyens ordinaires, et l'on obtient des objets dont l'intérieur est garni de verre incolore, tandis que l'extérieur est en verre coloré. On peut enlever celui-ci en certains endroits de manière à produire les dessins les plus variés. Il va sans dire qu'on obtiendrait le résultat inverse avec la même facilité en cueillant le verre coloré d'abord et le cristal incolore ensuite.

Verre triplé. — Au lieu de deux couches de verre, on peut en former trois. La couche intermédiaire est presque toujours de l'émail blanc ou coloré. On se propose par là de tracer sur les deux faces d'un même objet des dessins de couleur différente, et qui ne se confondent point ou ne se défigurent point, comme cela arriverait si on laissait au verre sa transparence. La façon est la même que pour le verre doublé.

XIII. EMAIL. — On donne le nom d'*émaux*
à des verres blancs ou colorés rendus opaques
par des substances minérales qu'ils tiennent en
suspension, telles que le borax, le phosphate
de chaux, l'oxyde d'étain, etc. L'émail ordinaire, celui qui sert de base à la fabrication de
tous les autres, s'obtient de la manière suivante.

On chauffe ensemble jusqu'au rouge, au
contact de l'air, 25 parties d'étain et 100 parties
de plomb. Cet alliage s'oxyde promptement et
se recouvre d'une couche pulvérulente jaunâtre,
qu'on enlève à mesure qu'elle se forme, et qu'on
pulvérise encore jusqu'à ce qu'elle soit réduite
en une poudre très-fine ; elle prend alors le
nom de *calcine*. On en mêle 200 parties avec
100 parties de sable siliceux et 80 parties de
carbonate de potasse, et on chauffe le mélange
seulement assez pour qu'il éprouve un commencement de fusion. On a ainsi une *fritte* qui entre
dans la composition de tous les émaux.

Pour préparer l'émail blanc, on réduit la
fritte en poudre, on la mêle avec une quantité
de peroxyde de manganèse déterminée d'avance
par des essais effectués sur de petites quantités

de matière, et l'on chauffe vivement cette composition dans des pots couverts pour la mettre à l'abri de la fumée. Lorsqu'elle est fondue, on la coule dans l'eau, on la pulvérise, on la fait fondre de nouveau pour recommencer encore. Ce n'est qu'après trois ou quatre fontes et broyages successifs que l'émail peut être coulé définitivement et livré au commerce.

L'oxyde d'antimoine peut, dans cette fabrication, remplacer le mélange d'oxyde d'étain et d'oxyde de plomb. L'émail à base d'antimoine paraît surtout propre à recevoir les colorations en pourpre et en bleu. Voici le dosage considéré, d'après Clouet, comme le plus convenable :

Verre blanc sans plomb,	300	parties.
Borax,	109	—
Salpêtre,	25	—
Antimoine diaphorétique lavé,	100	—

On donne à l'émail la coloration bleue à l'aide d'une très-faible quantité d'oxyde de cobalt ou avec de l'azur. On le colore en violet avec du peroxyde de manganèse; — en noir avec un mélange d'oxyde de fer et de peroxyde de manganèse, auquel on ajoute, lorsqu'on veut obtenir un noir brillant et foncé, une faible proportion de cobalt. — La coloration de l'émail en jaune s'obtient le plus ordinairement par le mélange de 1 partie d'oxyde d'antimoine, 1 partie de sel ammoniac, 1 partie d'alun et 1 à 3 parties de carbonate de plomb (céruse). On pulvérise chacune de ces substances à part, on les mélange ensuite et on les chauffe jusqu'à ce que le sel ammoniac ait été entièrement chassé par évaporation. Les émaux vert et rouge se préparent, comme les verres de même couleur, le premier avec de l'oxyde de chrome ou du bioxyde de cuivre, le second avec du chlorure d'or, ou quelquefois avec du protoxyde de cuivre. Les nuances du rouge, depuis le rouge orangé jusqu'au rouge pourpre, sont produites par l'addition d'une quantité plus ou moins grande d'oxyde de fer.

Application de l'émail sur les métaux. — Cette application constitue un art assez curieux pour que nous nous y arrêtions un instant. Nous empruntons les détails qui suivent à un savant article du *Dictionnaire des arts et manufactures.* Les émaux destinés à être appliqués sur les métaux sont d'une préparation difficile : Venise

seule en a longtemps possédé le secret, et c'est
de cette ville que le commerce reçoit encore la
plus grande partie des émaux qu'il emploie
à cet usage. Néanmoins M. Lambert, à Sèvres,
a fabriqué un émail qui n'a plus rien à envier
à ceux de Venise. L'or et le cuivre sont les seuls
métaux qui puissent être bien émaillés. Le premier doit être au titre de $\frac{11}{12}$ ou 0,917, savoir :
22 parties d'or, 1 partie d'argent et 1 partie de
cuivre. A un titre inférieur, il serait trop fusible ; plus fin, il laisserait à désirer sous le
rapport de la dureté.

Quel que soit le métal à émailler, on réserve
au bord de la plaque une petite bordure pour
empêcher l'émail de se répandre et de tomber
lorsqu'on l'applique dessus. Si l'un des côtés
seulement de cette plaque doit être recouvert,
il faut que la couche d'émail soit moins épaisse,
sans quoi la plaque se bomberait. Si l'on ne
veut émailler une des faces qu'en certains endroits, il faut tracer au burin les contours de
ces parties et les creuser bien uniformément
d'une profondeur égale à l'épaisseur qu'on veut
donner à la couche d'émail. Il est même bon
d'y tracer avec le burin des hachures croisées,

afin d'augmenter l'adhérence du vernis vitreux et du métal.

Dans tous les cas, la pièce doit être bien décapée: pour cela, on la fait bouillir dans de l'eau de potasse; on la lave ensuite avec de l'acide acétique étendu d'eau, puis avec de l'eau pure, et enfin on l'essuie avec soin. Cependant on broie l'émail dans un mortier d'agate ; on lave à l'eau la poudre ainsi obtenue, on l'étend encore humide sur les parties à émailler, et on la laisse sécher à l'air libre. On place ensuite la pièce sur une plaque de tôle à deux rebords, percée de trous, qu'on chauffe sur des charbons ardents jusqu'à ce qu'il ne se dégage plus de vapeurs. Ce chauffage s'opère dans un fourneau à mouffle et à réverbère en argile réfractaire ou en tôle revêtue intérieurement d'argile. On le chauffe préalablement au bois, puis au charbon de bois, et c'est lorsque la mouffle est arrivée au rouge vif qu'on y introduit la plaque de tôle portant les objets recouverts d'émail, et qu'on la pousse graduellement vers le fond. On place quelques charbons ardents à l'ouverture de la mouffle, pour augmenter et régulariser la chaleur à l'intérieur.

Dès que l'émail commence à entrer en fusion, on fait tourner la plaque de tôle de manière à en amener chaque côté à son tour vers le fond de la mouffle, puis lorsque l'émail est bien également fondu partout, on retire la plaque peu à peu, afin d'éviter les fissures qui se produiraient par suite d'un brusque abaissement de température.

Lorsque la pièce est entièrement refroidie, on y applique de la même manière une seconde et une troisième couche d'émail. Si l'on remarque des fissures à la surface de ce vernis, on les élargit au burin, on les remplit de poudre d'émail, et l'on chauffe de nouveau. Comme d'ailleurs la surface de l'émail présente toujours quelques rugosités, on le polit à l'eau sur une meule de grès très-fin, puis on remet la pièce au feu pour lui rendre par une nouvelle fusion l'éclat et le poli voulus.

Si l'on veut peindre les pièces émaillées, ce qui se fait au pinceau comme sur ivoire ou sur papier, les couleurs doivent être préparées avec des émaux colorés, pulvérisés dans un mortier d'agate, et porphyrisés aussi fin que possible à l'aide d'une molette et avec de l'huile de lavande, sur une table de porphyre. La bouillie ainsi préparée est placée sur de petites assiettes en porcelaine, qu'on recouvre avec une plaque de verre ou un morceau de mousseline, et qu'on expose au soleil jusqu'à ce que la pâte soit assez épaisse pour pouvoir être employée. La peinture terminée, on fait d'abord sécher les pièces à l'étuve, puis on les passe dans la mouffle pour fixer les couleurs par la vitrification.

XIV. STRASS. — Ce verre, très-employé dans la bijouterie pour fabriquer les faux diamants, ressemble au flint-glass par sa composition et par ses propriétés. Seulement, les matières dont il est formé doivent être parfaitement pures, leur mélange très-intime, leur fusion lente et prolongée pendant 25 heures, et le refroidissement de la masse fondue également très-lent, pour tenir lieu de recuit. La matière siliceuse est tantôt du sable, tantôt du cristal de roche. Cette dernière substance donne un strass très-dur et très-blanc, mais moins brillant que celui qu'on obtient avec le sable. Celui-ci, bien que possédant une légère teinte jaune, est doué d'un vif éclat, et par cela même ressemble davantage à la pierre précieuse qu'on se pro-pose d'imiter.

.Un homme spécial, M. Douault, qui a étudié attentivement la fabrication du strass, a proposé les compositions suivantes comme les meilleures.

1° Cristal de roche, 300 parties.
Minium, 470 —
Potasse à l'alcool, 163 —
Borax, 22 —
Acide arsénieux, 1 —

2° Sable, 300 parties.
Céruse de Clichy, 514 —
Potasse à l'alcool, 96 —
Borax, 27 —
Acide arsénieux, 1 —

3° Cristal de roche, 300 parties.
Potasse à l'alcool, 168 —
Borax, 18 —
Acide arsénieux, 0,5 —
Minium, 462 —

Ces compositions, bien entendu, ne s'appliquent qu'au strass incolore ou imitation de diamant. Pour imiter les autres pierres précieuses naturelles, on peut donner au strass, aussi bien qu'aux autres verres, les nuances les plus variées. Voici les préparations par lesquelles on imite les principales pierres colorées.

TOPAZE. — Strass blanc,   1000 parties.
         Verre d'antimoine,   40 —
         Pourpre de Cassius,   1 —

Cette pierre subit quelquefois, pendant sa fabrication, des changements de teinte remarquables, et peut passer, suivant l'élévation de la température, du jaune clair au rouge pourpre intense.

RUBIS.   —   Strass blanc,   800 parties.
         Matière topaze,   100 —

On fait fondre ce mélange pendant 3 heures, puis on le réchauffe au chalumeau, et c'est alors qu'on lui voit prendre la belle teinte de la pierre précieuse naturelle.

ÉMERAUDE. — Strass blanc,   1000 parties.
         Oxyde de cuivre pur,   8 —
         Oxyde de chrome,   0,2 —

SAPHIR.   —   Strass incolore,   1000 parties.
         Oxyde de cobalt,   15 —

AIGUE-MARINE. — Strass blanc,   1000 parties.
              Verre d'antimoine,   7 —
              Oxyde de cobalt,   0,4 —

AMÉTHYSTE. — Strass incolore,   1000 parties.
             Oxyde de manganèse,   8 —
             Oxyde de cobalt,   5 —
             Pourpre de Cassius,   0,2 —

GRENAT STYRIEN.—Strass incolore,   1000 parties.
             Verre d'antimoine,   500 —
             Pourpre de Cassius,   4 —
             Oxyde de manganèse,   4 —

XV. AVENTURINE. — C'est un verre contenant dans sa masse des cristaux octaédriques
brillants de cuivre métallique. La fabrication
de ce beau produit était restée pendant longtemps un privilége et un secret de l'industrie
vénitienne, et le prix en était très-élevé.
MM. Clémandot et Frémy viennent enfin de
découvrir le procédé, qu'on avait cherché vai-
nement pendant tant d'années. On sait donc
aujourd'hui que l'aventurine s'obtient en chauffant, en présence d'une masse vitreuse, du

silicate de protoxyde de fer et du protoxyde de cuivre. Le premier de ces deux corps s'empare de l'oxygène du second ou le *réduit*, pour se transformer en silicate de peroxyde de fer. Le cuivre rendu à l'état métallique prend cette belle forme cristalline qui donne à l'aventurine un aspect si brillant et si agréable à l'œil.

XVI. HYALITHE.—Cette variété de verre, ordinairement colorée en noir, est aussi dure que la porcelaine, et peut la remplacer dans plusieurs de ses applications. **On** prépare l'hyalithe en faisant fondre avec du verre ordinaire des basaltes, des laves, des scories de forge, etc., des os calcinés et du poussier de charbon.

IV

De quelques applications particulières du verre.

Il ne saurait entrer dans notre cadre de décrire les innombrables applications des différentes espèces de verre que nous venons de passer en revue : ce serait entreprendre tout un gros traité de technologie. Nous nous bornerons à dire , en terminant, quelques mots de trois applications du verre qui nous semblent offrir un intérêt spécial , et sur lesquelles nos lecteurs nous sauront peut - être gré de leur donner quelques notions. Nous voulons parler de la *gravure* sur verre, de la *peinture* sur verre, et du *vernissage vitreux du fer.*

Gravure sur verre. — Nous avons dit plus haut que l'acide fluorhydrique attaque vivement toutes les espèces de verre, et qu'on tire parti de cette propriété pour graver sur verre comme on grave à l'eau-forte sur les métaux. L'acide fluorhydrique peut être employé gazeux ou liquide. Lorsqu'on veut l'employer gazeux,

on nettoie le verre, on le sèche, on le chauffe
et l'on y étend en une couche homogène, égale,
un vernis assez mou pour que la pointe et
le burin l'enlèvent sans l'écailler et y fassent
des traits bien nets. Le vernis est ordinairement
formé de 4 parties de cire dissoute dans 1 partie
d'essence de térébenthine. Lorsque le verre est
refroidi, on calque avec une pointe, sur le
vernis resté translucide, le dessin qu'on veut
reproduire ; et si l'on désire avoir sur le verre
autre chose qu'un simple trait, on enlève le
vernis partout où l'on désire qu'une figure soit
tracée. On expose ensuite le verre à la vapeur
de l'acide fluorhydrique, qui attaque et creuse
toutes les parties que le vernis ne garantit pas.
La vapeur fluorhydrique est produite par un
mélange de fluorure de calcium en poudre et
d'acide sulfurique concentré, qu'on chauffe
doucement dans un vase en plomb, sur l'orifice
duquel on pose le verre qu'il s'agit de graver.
Quelques minutes suffisent, après que le dégagement de vapeur a commencé, pour que l'opération soit terminée. On enlève alors le vernis
en le faisant fondre par la chaleur et en l'es-
suyant avec un linge.

our graver avec l'acide fluorhydrique li
quide, on procède exactement de la même façon
que dans la gravure ordinaire à l'eau-forte. Le
vernis dont on se sert alors de préférence est
un vernis de copal; l'acide doit être employé
faible et n'être laissé que peu d'instants sur la
plaque.

PEINTURE SUR VERRE. — Deux procédés
différents sont en usage dans l'art de la peinture sur verre. Le premier consiste à colorer le
verre dans sa masse par des oxydes métalliques,
comme nous l'avons indiqué au paragraphe XII
du chapitre précédent ; à le découper, et à en
réunir ensuite les fragments avec des feuilles
de plomb. Ce procédé est celui qu'on employait
autrefois pour confectionner les vitraux des
églises, qui ne sont autre chose, comme on sait,
qu'une sorte de mosaïque. Le second procédé
consiste à peindre le verre comme on peint la
porcelaine, et à le cuire ensuite à la mouffle. En
le combinant avec le premier, on peut obtenir
des vitraux d'un bel effet. On a coutume, dans
la peinture sur verre proprement dite, de peindre à la fois sur les deux faces du vitrage, de façon à ce que chacune, étant diversement éclairée,

présente, par la combinaison des ombres et des lumières, un effet partiel qui concoure à l'effet général. Les couleurs employées doivent être transparentes, ce qui n'est point nécessaire et souvent même ne conviendrait pas pour la peinture sur porcelaine. Les substances auxquelles on s'adresse pour les produire ne sont donc pas les mêmes dans l'un et dans l'autre de ces arts jumeaux.

VERNIS VITREUX SUR LE FER. — M. Paris, de Bercy, est parvenu, il y a peu de temps, à préserver le fer de la rouille en le recouvrant d'une couche légère de verre fondu. Il vernit ainsi des objets de toute sorte, qui présentent les conditions désirables de durée et de solidité : des vases, des marmites et d'autres ustensiles de ménage, des tuyaux de poële, des feuilles à rebords qui peuvent remplacer le plomb, le zinc pour la couverture des édifices, des capsules et divers appareils en usage dans les laboratoires.

Voici en quoi consiste le procédé de M. Paris. Les objets en tôle ou en fer forgé sont décapés à l'eau seconde (acide nitrique étendu d'eau), lavés, séchés, et vernis, à l'aide d'un pinceau, avec une dissolution de gomme arabique. La matière qui doit former l'enduit vitreux est composée de 130 parties de fluit-glass pulvérisé, de 20 parties 1/2 de carbonate de soude, et de 12 parties d'acide borique. On fait fondre ces substances mélangées dans un creuset tel que ceux dont on se sert dans les verreries, mais qu'on a préalablement revêtu intérieurement d'une couche vitreuse fondue peu à peu, afin d'éviter que des corps étrangers détachés de ses parois se mêlent à la composition. Le verre fondu, puis refroidi, est réduit dans un mortier, à l'aide d'un pilon d'acier, en une poudre fine qu'on passe dans un tamis de soie, et qui est alors propre à être appliquée sur le métal. On en saupoudre les objets vernis à la gomme, qu'on fait ensuite sécher dans un four à la température de 100 à 140 degrés centigrades. On les transporte dans une mouffle, et là on les chauffe au rouge cerise jusqu'à ce que la poudre vitreuse dont ils sont couverts entre en fusion. A ce moment on les retire et on les dépose dans une chambre close, pour qu'ils puissent s'y refroidir graduellement. Si le vernis ainsi obtenu était inégal ou qu'il eût laissé des parties non couvertes, on y appliquerait

7*

une deuxième couche par le même procédé.

Cet enduit est diaphane et laisse voir la couleur du métal ; on peut faire chauffer dans les vases qui en sont garnis de l'eau, des aliments, etc., sans qu'il éclate ou se fendille ; il résiste même, lorsqu'il a été doucement refroidi après la fusion, aux changements brusques de température qu'il peut éprouver ensuite.

Ce vernis protége à peu près complétement le métal contre l'action des acides, mais les solusbouillantes de soude ou de potasse peuvent l'attaquer et le dissoudre.

« Ce produit, dit M. Payen (1), est susceptible d'applications avantageuses. Il peut être substitué au fer étamé pour un grand nombre d'usages domestiques. Sa superficie se nettoie avec une grande facilité, et présente l'avantage de ne donner aux aliments aucune saveur métallique. Plusieurs ustensiles de cuisine dont on se sert depuis un an ont parfaitement résisté à l'usage. Leur emploi est donc tout à la fois salubre et commode.

« On peut citer parmi les usages importants

(1) *Chimie industrielle*, p. 365.

du fer ainsi préparé, la fabrication de tuyaux pour la fumée, qui remplaceront les tuyaux ordinaires en tôle, si altérables à l'air.

« On a dernièrement appliqué avec succès la couverte vitreuse de M. Paris aux formes à sucre, aux cristallisoirs des acides stéarique et margarique (dont on fait les bougies), et à d'autres ustensiles en tôle. On pourrait probablement l'employer avec avantage pour enduire les plaques et parois en fonte des presses, que a cides gras font oxyder, et dont ils dissolvent la rouille. »

LES BRIQUETS

ET

LES ALLUMETTES

1

Divers briquets en usage avant l'invention des allumettes chimiques.

Le briquet primitif est probablement celui dont se servent encore, si l'on en croit les récits des voyageurs, les sauvages de l'Afrique, de l'Amérique et de l'Océanie, demeurés étrangers aux arts les plus élémentaires des nations civilisées. Ce briquet consiste en deux morceaux de bois qu'on frotte vivement l'un contre l'autre, jusqu'à ce qu'ils soient assez échauffés pour prendre feu. Nous ne pensons pas qu'il soit nécessaire de nous y arrêter.

Vient ensuite dans l'ordre des temps, — du

moins c'est une hypothèse probable, — le briquet proprement dit, dont les éléments essentiels sont un morceau de silex (appelé par les modernes pierre à fusil) et un morceau d'acier. En frappant ces deux pièces l'une contre l'autre avec force, on en détache de petites particules qui, rendues incandescentes par la violence du choc, jaillissent en étincelles, et retombant sur un corps suffisamment combustible, peuvent y mettre le feu. Le briquet à silex est fort ancien, s'il faut en croire Virgile, qui nous montre le *fidèle Acathe*, compagnon d'Enée, s'en servant avec adresse (1). Mais le fidèle Acathe ne possédait pas l'amadou, cette substance précieuse qui fait du briquet ordinaire un ustensile assez commode pour que, de nos jours encore, on le préfère dans bien des circonstances aux moyens plus ingénieux et plus prompts, mais souvent moins sûrs, que la chimie a mis à notre disposition.

L'amadou est une substance spongieuse

(1) Ac primum silici scintillam excudit Achates ,
Suscepitque ignem foliis, atque arida circum
Nutrimenta dedit, rapuitque in fomite flammam.

(ÉNÉIDE, *livre* Ier.)

fournie par une sorte d'agaric ou de champi-
gnon (*boletus ignarius*), qui croît spontanément
sur les troncs de vieux arbres tels que le chêne,
le hêtre, le frêne, etc. La récolte se fait aux
mois d'août et de septembre. Pour le rendre
propre à l'usage qu'on en fait, on le dépouille
de son enveloppe extérieure, et l'on isole avec
soin la partie spongieuse, d'un jaune brun, qui
forme pour ainsi dire le cœur de ce végétal,
en en détachant aussi les débris ligneux qui
ont été enlevés de l'arbre en même temps que
l'agaric. Cette partie médiane est divisée en
plaques minces, qu'on bat avec un maillet,
jusqu'à ce qu'on puisse les déchirer avec une
extrême facilité. Mais ces plaques ne deviennent
réellement de l'amadou qu'après avoir subi
une préparation qui consiste à les faire bouillir
à deux reprises dans une dissolution concentrée
de salpêtre. On peut aussi préparer l'amadou
en l'imbibant d'une sorte de bouillie faite avec
de la poudre à canon délayée dans de l'eau. Le
but de ces préparations est toujours d'imprégner
la matière ligneuse d'un corps très-oxygéné,
propre à favoriser la combustion. Une seule
étincelle tombée sur un morceau d'amadou suffit

pour qu'il soit promptement et entièrement
consumé. On peut, du reste, avec toute autre
substance ligneuse, obtenir les mêmes résultats :
ainsi le papier, le linge trempés dans le salpêtre
sont susceptibles de remplacer l'amadou. Celui-
ci a toutefois l'avantage de laisser un résidu
charbonneux qui demeure incandescent pendant quelques instants après que le reste est
consumé, et il répand en brûlant une odeur
que beaucoup de personnes trouvent agréable.
Ajoutons en passant que l'amadou est employé
en médecine pour arrêter les petites hémorra-
gies, celles par exemple que cause quelquefois la morsure des sangsues. Les chirurgiens
s'en servent aussi assez fréquemment comme
d'une substance spongieuse qu'on imbibe facilement d'un liquide quelconque, et dont cette
propriété rend l'usage très-commode pour le
pansement de certaines plaies.

C'est seulement à une époque très-rapprochée
du moment actuel que le *briquet ordinaire*,
après avoir été pendant des siècles le seul appareil employé pour se procurer du feu, a vu
s'élever autour de lui les concurrents qu'a mis
successivement au jour le génie inventif des

physiciens et des chimistes modernes. Nous allons décrire brièvement ceux de ces briquets, enfants de notre civilisation, qui ont eu le plus de vogue.

I. BRIQUET A AIR COMPRIMÉ OU BRIQUET PNEUMATIQUE. — C'est un tube cylindrique en verre très-épais, fermé à son extrémité inférieure, et garni d'une armature en cuivre. On y fait mouvoir à frottement un piston plein, sous lequel est pratiquée une petite cavité où l'on place un morceau d'amadou. Il suffit, pour allumer celui-ci, de pousser vivement le piston dans le tube : l'air, réduit à un volume beaucoup plus petit que celui qu'il occupait d'abord, dégage une quantité de calorique assez considérable pour déterminer l'inflammation du corps combustible. Le calorique qui devient ainsi libre existait auparavant dans l'air, mais à l'état *latent*, et comme un fluide interposé entre les molécules dont il maintenait l'écartement.

Le briquet à air est plutôt un appareil propre à trouver place dans les cabinets de physique, qu'un instrument dont l'usage puisse se répandre et se vulgariser : ce briquet n'a guère été pour le public qu'un objet de curiosité ; son maniement d'ailleurs n'est pas sans danger : un défaut dans le verre, une trop forte compression de l'air dans le tube, et celui-ci peut, en se brisant avec éclats, blesser grièvement un opérateur imprudent.

II. Briquet a gaz hydrogène. — Ce briquet peut être rangé dans la même catégorie que le précédent : il a même, de plus que le briquet à air, l'inconvénient de n'être nullement portatif et d'être beaucoup plus compliqué. Nous ne le citons donc que pour mémoire et tout en engageant fort ceux de nos jeunes lecteurs qui auront occasion de visiter un laboratoire de chimie, à ne pas négliger l'examen de ce petit appareil fort ingénieux. Le briquet à hydrogène se compose d'une cloche ou réservoir en verre fermé à sa partie supérieure, et plongeant par sa partie inférieure dans un bocal qui contient de l'acide sulfurique étendu d'eau. Une lame de zinc suspendue au milieu de la cloche avec un fil de laiton, et qu'on plonge à volonté dans le liquide, donne lieu au dégagement du gaz hydrogène, qui s'échappe par un tube recourbé et effilé en bec, adapté au sommet de la cloche. En face et à une très-petite distance de ce bec, se trouve un petit morceau de platine dans un état particulier de division qui lui a fait donner le nom d'*éponge de platine*. *L'éponge de platine*, lorsqu'on y projette un courant de gaz hydrogène, devient incandescente (phénomène singulier dont on n'a pas donné d'explication satisfaisante), et le gaz s'enflamme aussitôt. Le briquet à hydrogène est, comme on le voit, une sorte de lampe qu'on peut allumer à volonté sans le secours d'un autre corps en ignition : cette lampe peut être utile dans les laboratoires, mais on conçoit que son emploi et son entretien (car il faut renouveler de temps en temps et la liqueur acide et la lame de zinc) n'auraient rien de commode ni d'économique. De plus elle n'est point lumineuse.

III. Briquet oxygéné. — Le *chlorate de potasse*, sel découvert par Berthollet à la fin du siècle dernier, possède la propriété, lorsqu'on le mélange avec des substances très-combustibles telles que le phosphore, le soufre, le charbon, de les enflammer avec détonation sous un choc rude ou par un frottement vif, ou par le simple contact avec un autre corps dont la température soit un peu élevée. On a utilisé cette propriété, souvent dangereuse, pour fabriquer un genre de briquet très-commode, très-portatif et se rapprochant déjà beaucoup des allumettes chimiques actuelles. Un petit flacon en verre contenant de l'amiante imbibée d'acide sulfurique, quelques allumettes convenablement préparées, le tout renfermé dans une petite boîte en carton ou en bois, voilà tout l'appareil. La préparation qu'on fixait à l'extrémité soufrée des allumettes était un mélange de chlorate de potasse, de soufre, de gomme adragante, et d'une matière colorante quelconque : l'indigo, — le cinabre, — le minium... On n'avait qu'à plonger l'allumette dans le flacon, et le calorique qui se dégageait par son contact avec l'acide sulfurique était suffisant pour l'enflammer.

IV. Briquet phosphorique. — Ce briquet, dont l'usage était encore universellement répandu il y a quelques années, était cependant d'un maniement moins agréable et plus dangereux que le précédent. Il se fabriquait de plusieurs manières. Ne possédant point à cet égard des notions personnelles précises, puisque cette industrie a aujourd'hui disparu , nous empruntons au *Dictionnaire des arts et manufactures* de 1845 la description de ces procédés.

« Le plus ordinairement , dit l'auteur anonyme de l'article que nous citons, on fait liquéfier à une chaleur très-douce un peu de phosphore dans un petit flacon de métal long et étroit; lorsque le phosphore est en fusion, on introduit dans le flacon une petite tige de fer rougie au feu ; le phosphore s'enflamme ; on agite pendant quelques instants , et lorsque la couleur est devenue bien rouge, on retire la tige , puis on bouche le flacon et on laisse refroidir. Il ne reste plus qu'à fixer le flacon dans un étui de fer-blanc disposé de manière à pouvoir contenir en même temps quelques allumettes ordinaires et bien soufrées. Pour faire usage de ce briquet, on introduit une allumette dans le flacon , on lui imprime un mouvement de torsion en appuyant sur le phosphore, dont on détache ainsi quelques parcelles, et on la retire ; l'inflammation a lieu aussitôt et se communique au soufre.

« Souvent on projette dans le flacon renfermant du posphore que l'on vient d'enflammer, une certaine quantité de magnésie calcinée, qu'on agite ensuite à l'aide d'une tige de fer; on cesse d'agiter quand la masse est devenue pulvérulente; on bouche et on laisse refroidir. On rend ainsi la division du phosphore beaucoup plus grande, ce qui augmente considérablement son inflammabilité.

« Quelquefois on introduit dans un tube en plomb ou en cristal fermé par un bout un bâton de phosphore que l'on y tasse, soit par compression, soit, ce qui est préférable, en le fondant sous l'eau. Les briquets ainsi préparés durent plus longtemps que les autres parce que le phosphore n'est pas divisé, mais ils sont aussi moins inflammables. Pour s'en servir, on frotte la surface du phosphore assez fortement pour que l'allumette en détache quelques portions qui se fixent au soufre; pour en déterminer l'inflammation, il faut frotter l'extrémité de l'allumette phosphorée sur un corps un peu rugueux, tel que le feutre, le liége, etc.; le faible dégagement de chaleur qui se produit alors suffit pour faire prendre feu au phosphore et le communiquer au soufre. »

Les briquets phosphoriques offraient deux inconvénients assez graves : le premier, c'était de répandre, aussitôt qu'on les ouvrait, l'odeur d'ail si désagréable qui caractérise le phosphore ; le second consistait dans les accidents qui pouvaient arriver si, par suite d'une négligence ou d'une circonstance fortuite, le flacon se trouvait mal fermé. Le contact tant soit peu prolongé de l'air pouvait enflammer le phosphore, et ce corps, qui se liquéfie en brûlant, pouvait blesser grièvement celui qui portait le briquet, ou mettre le feu aux objets environnants. Ces briquets sont maintenant tout à fait abandonnés.

II

Allumettes soufrées. — Allumettes chimiques.

ALLUMETTES SOUFRÉES. — Aucun écrivain, que nous sachions, n'a entrepris de transmettre à la postérité le nom et la biographie de l'inventeur des allumettes soufrées, non plus que les circonstances qui ont amené cette découverte. Nous n'entreprendrons point, — et pour cause, — de combler cette lacune ; et nous nous bornerons à dire de quelle façon se fabriquent depuis un temps immémorial ces petits bâtons soufrés qui, selon qu'ils tombent en des mains criminelles ou amies, selon qu'on s'en sert pour mettre le feu à une meule de blé dans une grange, à un tas de fagots dans une forêt, ou bien à un fourneau de charbon dans une cuisine, à quelques bûches dans une cheminée de salon, peuvent causer tant de ravages ou nous rendre tant de services.

Les bois qu'on emploie de préférence pour

faire les allumettes, sont ceux du hêtre, du tremble ou du sapin. On en prend des bûches bien droites et, autant que possible, exemptes de nœuds; on enlève l'écorce, qu'on fait sécher dans une étuve chauffée à 210 ou 220°, par un four de boulanger où l'on brûle des rognures de bois sec. La dessiccation, pour être complète, exige un chauffage prolongé pendant environ 15 heures, mais qu'il faut ralentir après les trois premières heures, pour éviter que les bûches prennent feu.

On scie ensuite les bûches en cylindres ayant chacun de 6,8 à 10 centimètres de hauteur, qu'on équarrit, puis qu'on divise, à l'aide d'un couteau articulé sur un billot (comme ceux dont les boulangers se servent pour couper le pain), en planchettes parallèles taillées dans le sens des fibres du bois. Ces planchettes elles-mêmes sont hachées avec le même instrument en petits prismes très-allongés.

On peut avec autant de facilité préparer des allumettes cylindriques; pour cela, on se sert d'un rabot dont le fer est armé de cinq lames circulaires horizontales; on le fait jouer sur les bûches séchées et équarries, dans le sens des fibres, et à chaque coup on enlève cinq petites baguettes cylindriques, qui, réunies en bottes, sont ensuite partagées par un couteau mécanique qui de chacune en fait quatorze ou vingt-une, suivant la longueur qu'elles avaient d'abord et celle qu'on veut donner aux allumettes.

Dans beaucoup de pays, et notamment dans plusieurs de nos départements, au lieu de hacher du bois pour en faire des allumettes, on prend pour cela des tiges de chanvre séchées, qui donnent de belles allumettes cylindriques et creuses, brûlant très-bien. Dans tous les cas, et quelle que soit, du reste, la matière première employée, les allumettes qu'on destine à être seulement soufrées sont réunies en bottes de deux à trois mille, serrées ensemble à l'aide d'une ficelle, et trempées de 1/2 à 1 centimètre dans un bain de soufre fondu à 125 ou 130 degrés, et maintenu toujours à cette température. On a soin, en les retirant aussitôt, de les secouer pour faire retomber dans la chaudière l'excédant de soufre. Celui qui reste adhérent est bientôt solidifié, et les allumettes peuvent alors être livrées aux consommateurs.

II. **Allumettes chimiques.** — On ne sait rien de bien précis sur l'origine et l'invention des allumettes chimiques; voici cependant ce que **M. Ménigault** nous apprend à ce sujet dans un article publié par le *Nouveau Journal des connaissances utiles* (janvier 1854).

« Ces allumettes, dit **M. Ménigault**, qui ont laissé si loin derrière elles les briquets oxygénés et phosphoriques, sont, quoique inventées à Berlin, comme d'origine française : le commerce s'en fait principalement à Paris. C'est là que se fabriquent les matières élémentaires qui entrent dans leur composition. C'est là aussi qu'ont été confectionnées les premières allumettes. Voici comment et à quelle occasion.

« Un voyageur arrivait de Berlin à Paris, il y a une vingtaine d'années, avec quelques paquets d'allumettes. Comme ces allumettes étaient une nouveauté même pour la capitale de la France, notre homme conçut immédiatement tout le parti qu'on pouvait tirer de ce nouveau moyen de faire du feu; en conséquence il s'adressa à un pharmacien pour en connaître la composition. Celui-ci le renseigna moyennant une somme de 400 fr. comptant. Possesseur de la composition igni-

fère, notre homme se dirigea immédiatement
sur Londres pour exploiter le secret que venait
de lui révéler le pharmacien de Paris. Mais de
son côté le pharmacien ne resta pas inactif; et
bientôt les allumettes de Londres et de Paris se
croisent sur les principaux marchés. Comme tous
les avantages sont généralement dans l'actua-
lité, il s'agissait de trouver un moyen pour
empêcher le concurrent de réussir. A ce sujet,
voici ce qu'imagina l'un des deux antagonistes:
le chlorate de potasse, base de cette composition, après avoir beaucoup haussé de prix,
manqua presque. Le Parisien mit à profit cette
circonstance. Sous un nom d'emprunt, il ex-
pédia à Londres et fit vendre à bas prix quelques barils de chlorate convenablement falsifié.
L'Anglais acheta et continua à fabriquer; mais
alors ses produits ne purent plus soutenir la
concurrence, et tout l'avantage resta du côté
de la France. » L'avantage peut-être, ajoutons-
nous, mais non l'honneur, car si les choses se
passèrent réellement ainsi, il se peut difficilement imaginer rien de plus déloyal que la
manière d'agir du pharmacien de Paris, qui,
non content d'avoir abusé de la confiance de

l'étranger, eut encore recours à la fraude pour triompher de son rival — nous pourrions dire de sa victime... Mais laissons là le côté moral de cette affaire, et revenons au côté industriel et pratique, qui doit seul nous occuper ici.

Le bois employé pour faire les allumettes chimiques est presque toujours le sapin du Nord. Dans l'opération de la taille, au lieu de hacher entièrement les petits blocs de bois de façon à isoler les baguettes les unes des autres, on laisse celles-ci adhérentes entre elles par la base, en arrêtant le couteau à 1 centimètre environ au-dessus du support. Quant aux allumettes cylindriques, qu'on ne peut faire autrement que de séparer tout à fait de la bûche, on les place verticalement dans des casses qui peuvent en contenir 32 rangées de 40 chacune, séparées les unes des autres par de petites lames en bois ou en carton doublées de drap. Toutes les allumettes sont ainsi disposées parallèlement; leurs extrémités sont toutes sur deux plans également parallèles, et les interstices ménagés à l'aide des règles en bois ou en carton permettent tant au soufre qu'à la composition dans laquelle on les immerge ensuite de pénétrer partout à une égale hauteur. Mais avant de *garnir* les allumettes, on les porte, soit réunies en paquets, soit fixées et serrées dans les cadres, sur une plaque en fonte chauffée à 250°, pour achever de les dessécher. On les plonge ensuite jusqu'à une profondeur de 6 à 8 millimètres dans le bain de soufre, puis on les pose un instant seulement sur une table de marbre, où la préparation chimique est étendue en une couche de 2 millimètres d'épaisseur.

Cette préparation a beaucoup varié depuis l'origine. On y faisait d'abord entrer du chlorate de potasse, ce qui donnait une pâte qui ne s'enflammait qu'avec une explosion souvent assez forte pour qu'il fût prudent, au moment où l'on frottait l'allumette, de fermer les yeux et de détourner la tête, de crainte d'accident. On a ensuite remplacé le chlorate de potasse par le salpêtre, qui donne des allumettes sans explosion. Enfin on est parvenu à fabriquer des allumettes *sans explosion* et *sans bruit*. Nous donnons ci-dessous les principales de ces compositions :

1° *Composition au chlorate de potasse.*

Chlorate de potasse,	50 grammes.
Phosphore,	25 —
Gomme du Sénégal (qualité médiocre),	100 —
Matière colorante (Minium, bleu de Prusse, etc.),	10 —

2° *Composition au salpêtre.*

Gomme arabique,	160 grammes.
Phosphore,	90 —
Nitre pur (salpêtre),	140 —
Minium,	160 —

Le tout recouvert d'un vernis d'acide stéarique fondu, pour tenir le phosphore à l'abri de l'oxydation.

3° *Composition moderne.*

Cette composition peut se préparer, soit à la gomme, soit à la colle de gélatine. Le dosage des matières n'étant pas le même dans les deux cas, nous donnons séparément la préparation de l'une et de l'autre pâtes :

1° *Pâte à la gomme.*

Phosphore,	2,5	parties.
Colle-forte,	2	—
Eau,	4,5	—
Sable fin,	0,5	—
Ocre rouge,	0,5	—
Vermillon,	0,1	—

2° *Pâte à la gomme.*

Phosphore,	2,5	parties.
Gomme,	2,5	—
Eau,	3	—
Sable fin,	2	—
Ocre rouge,	0,5	—
Vermillon,	0,1	—

Pour la pâte à la colle, on opère à chaud. La colle, concassée en morceaux et détrempée pendant trois heures dans l'eau froide, est transvasée ensuite dans un matras où on la chauffe au bain-marie. Lorsqu'elle a atteint la température de 100°, on retire le vase, on l'assujettit dans un établi, et l'on y met le phosphore. On remue vivement le tout avec un écouvillon garni de crins, afin de diviser le phosphore et de le répartir également dans la masse. On ajoute alors le sable fin et la matière colorante en agitant de nouveau, et la pâte étant ainsi faite, on la verse sur une table de marbre ou de fonte maintenue à une température de 36 à 40° par un bain-marie placé au-dessous, et on l'y étend en une couche de l'épaisseur que nous avons dite. Cette couche est entretenue au même niveau par des additions successives de matière, tant qu'on en a besoin pour garnir les allumettes.

Pour la pâte à la gomme on se sert d'un mucilage épais préparé d'avance avec cette matière ; on opère du reste comme précédemment , à ceci près que, le mélange étant fait et battu à l'écouvillon, on le laisse refroidir, et l'on n'a pas besoin de le réchauffer pour s'en servir.

Lorsque les allumettes sont garnies, on les porte dans une étuve où l'on dispose les cadres

8*

entre des montants en fer. Deux heures suffisent pour achever la dessiccation des allumettes garnies à la colle, tandis qu'il en faut vingt-quatre pour les allumettes à la gomme.

Une nouvelle amélioration assez importante s'est encore introduite dans cette industrie aujourd'hui si répandue. On a, en Angleterre, substitué au phosphore à l'état ordinaire le *phosphore rouge* ou *amorphe*, qui a l'avantage 1° d'être sous forme d'une poudre facile à mélanger avec d'autres substances ; 2° de ne point brûler spontanément au contact de l'air ; 3° de ne répandre aucune odeur.

Un économiste anglais, M. Ch. Tomlinson, a adressé à ce sujet au *Mechanic's magazine* une lettre pleine d'intérêt et qui montre combien sont sérieux et appréciables les résultats de l'amélioration dont nous parlons.

« Je viens, dit-il, de recevoir de la manufacture une boîte d'allumettes faites avec du phosphore rouge ou amorphe, qui remplace le phosphore ordinaire : cela est d'une grande importance, comme on va le voir :

« Les manufactures anglaises et françaises

de phosphore en produisent environ 300,000 kilogrammes par an, qui sont presque entièrement employés pour la fabrication des allumettes. En calculant l'émulsion pour garnir le bout des allumettes, les ouvriers allemands usent 3 kilogrammes de phosphore pour 5 ou 6 millions d'allumettes. En prenant pour base la moitié seulement de la production des manufactures de phosphore françaises et anglaises, nous arrivons à un chiffre annuel de 250,000 millions d'allumettes, qui ne nous paraît pas exagéré. En effet, nous avons visité dernièrement une de nos fabriques anglaises, qui produit par jour plus de 2 millions et demi d'allumettes... La fabrique de M. Dixon à Manchester arrive au chiffre de 6 à 9 millions par jour. Sur le continent de l'Europe, il y a de grandes manufactures en Transylvanie, près de la mer Noire, en Finlande, sur le golfe de Bothnie... Tous les ouvriers qui travaillent dans ces manufactures sont plus ou moins exposés aux émanations du phosphore. La maladie commence par un léger mal de dents, puis peu à peu se termine par une désorganisation complète qui souvent cause la mort, ou du moins envoie les malheureux dans un hôpital pour le reste de leur vie. Les uns ne peuvent ouvrir la bouche ; d'autres subissent d'affreuses opérations qui leur enlèvent souvent la moitié de leur mâchoire supérieure.

« Comment peut - on remédier à ce mal ? Les meilleurs moyens pour y arriver sont des ventilateurs bien disposés et des habitudes constantes de propreté. Mais peut-on croire ces moyens suffisants, lorsqu'il est prouvé que, dans un endroit obscur, les vêtements des ouvriers jettent des lueurs phosphorescentes ? Et ces malheureux sont exposés à ces émanations soixante ou soixante-dix heures par semaine !... Il est effrayant de penser qu'il n'y a pas une maison, nous pourrions même dire presque pas une chambre dans tout le royaume, où il ne se trouve une boîte d'allumettes contenant 50 à 100 petites boules de phosphore, à peine protégées contre l'influence oxydante de l'air, et dont on respire les émanations, faibles, il est vrai, mais continuelles...

« Il y a quelques années, M. Schrotter trouva le phosphore amorphe supérieur au phosphore ordinaire comme le diamant l'est au charbon.

Le phosphore amorphe n'est pas soluble dans le sulfure de carbone, comme le phosphore commun ; il ne prend pas feu sous la pression ordinaire de l'atmosphère, et *n'exhale aucune émanation dangereuse...*

« En juillet 1851, on se servit du phosphore amorphe sur une grande échelle dans nos manufactures. On envoya des échantillons de cette nouvelle substance dans les fabriques du continent. Elle n'y a pas encore été employée ; mais nous espérons que bientôt le phosphore amorphe sera le seul employé dans la fabrication des allumettes chimiques.

« Les échantillons d'allumettes qu'on vient de m'envoyer brûlent fort bien ; elles n'ont aucune odeur, ne prennent pas l'humidité, peuvent être placées dans un endroit chauffé, sans prendre feu, et servir dans tous les climats. »

ALLUMETTES CHIMIQUES SANS SOUFRE. — Au lieu d'enduire de soufre l'extrémité des allumettes chimiques, ce qui donne lieu lorsqu'on les allume au dégagement d'un gaz (l'acide sulfureux) d'une odeur forte et irritante, on a eu l'ingénieuse idée de les imbiber d'une substance qui, tout en rendant aussi leur combustion facile, ne répand point, en brûlant, d'odeur malsaine et désagréable. La substance qui a paru jusqu'ici la plus propre à atteindre ce résultat est l'acide stéarique (matière des bougies).

Les allumettes, parfaitement desséchées sur les plaques, au point même de roussir à l'extrémité qui y touche, sont placées dans une bassine intérieurement revêtue de plomb ou d'étain, et contenant une couche de 3 millimètres d'acide stéarique fondu. Ce liquide est pompé par les allumettes, en vertu de la *force capillaire*, et elles sont ainsi converties en une sorte de mèches faciles à enflammer et répandant, lorsqu'elles brûlent, une assez vive clarté.

Ces allumettes sont garnies de matière inflammable de la même manière que les autres. Seulement on rend la préparation plus prompte à prendre feu en y faisant entrer une moindre proportion de gomme, et en y ajoutant un corps très-oxygéné, tel que le bioxyde de plomb, par exemple.

Les allumettes à l'acide stéarique reviennent au même prix que les allumettes ordinaires, car si l'acide stéarique est dix fois plus cher que le soufre, il en faut, en revanche, dix fois moins, ce qui rétablit l'équilibre. Les avantages que cette innovation présente ne sont donc atténués par aucun inconvénient.

On fabrique aussi des *allumettes-bougies*. Ce sont des mèches de coton non tordu, faites au métier, enroulées par 100 ou 200 sur un cylindre, maintenues écartées par des dents dont ce cylindre est hérissé, plongées au bain de cire fondu, puis passées à une filière, et enfin coupées en bouts de 4 à 8 centimètres, par un couteau mécanique. Ces allumettes ou mèches, apprêtées comme celles dont nous venons de parler, sont séchées et mises dans des boîtes ordinairement élégantes, — car c'est la variété aristocratique et *fashionable* d'allumettes dont on fait usage dans les salons et dans les boudoirs. L'allumette-bougie donne en brûlant une belle lumière et répand une odeur agréable ; elle dure en outre plus d'une minute, ce qui permet de s'en servir pour cacheter une lettre ou pour tout autre usage analogue.

La fabrication des allumettes chimiques occupe aujourd'hui, à Paris seulement, plus de mille ouvriers, la plupart femmes et enfants, et produit annuellement près d'un milliard d'allumettes représentant une valeur de près de deux millions de francs.

FIN

TABLE

—o✦✦o—

BIBLIOTHEQUE DES ÉCOLES. — 2e SÉRIE.

APPROUVÉE
PAR
Mgr l'Archevêque de Tours

www.ingramcontent.com/pod-product-compliance
Ingram Content Group UK Ltd.
Pitfield, Milton Keynes, MK11 3LW, UK
UKHW022341090726
13658UKWH00001B/394